グランド・デザイン
社会保障の

水野肇

紀伊國屋書店

目次

まえがき

つい、最近のことである。財界のあるえらい人とパーティーで一緒になったら「水野さん、ちょっと教えてもらいたいのだが、年金や健康保険から企業は脱退できるのですか」という。私は「法律の規定だと、それはできます」と答えたら、その人はニッコリ笑って「そうすると随分企業は助かりますな」といった。

この財界氏のいうことは、日本の企業は健康保険の負担比率、つまり事業主と組合員（つまり社員）とが何％ずつ持つかは、労使の交渉で決めることになっている。政管健保の場合は、労使がフィフティフィフティであるので、これに見習ったところも多いが、なかには七対三とか八対二とかいう企業もある。かつて企業の景気がよくて、そのうえ組合が強い時代にこの負担割合を決めた企業が多いので、企業側がより負担しているところも多い。私の知っているある社は企業一〇〇対組合ゼロという極端な会社もある。組合健保を脱退して政管健保に加入すれば、企業は五割の負担ですむようになる。そうすると企業の経営面でも助かるというわけである。この話をきいたとき私は「不景気はついにここまできたのか」と驚くとともに、放置すると、日本の企業は厚生年金や組合健保からみんな脱退してしまうのではないかという危惧を抱いた。

これは容易ならぬ事態だと思ったが、一方この健康保険や社会保障の「危機」がやってくるという時期に政治家は負担がふえる発言は一切できないのですべてを先送りし、一方関係団体は依然として、自己の利益を主張するだけで、二十一世紀の社会保障は立ち止まったままで一歩も前進しない。そのうち、この財界氏のような意見が行動に表わされたら、社会保障は崩壊するのではないかと按じられる。せっかく、戦後五十年間、ずっと樹立してきた社会保障を頓挫させては悔いを千載に残すことになる。

この話を社会保険の笹川浩一編集長と話していたら「とりあえず、二十一世紀の社会保障のスケルトンだけでもうちの雑誌で書きませんか」ということになって書いた。そのスケルトンを見た紀伊國屋書店の水野寛編集次長が、これは面白いではないかということで本になったといういきさつでこの本が出版されることになった。このお二人と、データを心よく提供して下さった厚生省保険局審議官の辻哲夫さんと、大臣官房の中村秀一政策課長にもお世話になった。厚く感謝したい。私はこのスケルトンを下敷きにして考えろといっているのではない。これが刺激になって議論が深まり、前進することを願っているのである。

水野　肇

二〇〇〇年夏

社会保障の財政破綻をどう見る

二十一世紀に残したい文化遺産

二十世紀の文化遺産といわれるものの中で二十一世紀に引き続き絶対に残すべきだというものはいくつあるだろう。私はそんなにたくさんあるとは思えない。絵画や音楽のようなものは、何の手を差しのべなくても、いいものは残るだろうし、それほどでないものは、淘汰されていくだろう。

文化遺産というものはどの範囲までをいうのかというのは、議論の対象になるだろう。文化というのを広い範囲に取って、たとえば「科学」を含むということになれば、かなり厄介なことになる。たとえば、二十世紀に発見・開発されたもののひとつに「原子力」がある。たしかに〝輝かしい発見〟かもしれないし、原子力発電といった平和利用への貢献もあった。しかし、私たち日本人にとっては、原子爆弾のイメージはあまりにもおぞましい。原子力はともかく、医学・生物学の地図を塗り換えたといわれるワトソンとクリックの二重らせんの発見や、ペニシリンの発見から始まった一連の抗生物質の開発なども二十世紀の「実績」である。

ただ、こういったサイエンスの遺産は、それぞれの分野で発見や技術が取り込まれ、それが新しいものとなって、各時代に受け継がれていく。しかし、制度のようなものは、伝統があっても確実に残るかどうかはわからない。たとえば、日本では何千年とつづいてきた「家《いえ》」のようなものも、このまま二十一世紀につながっていくとは思えない。それどころか「家庭」とか「結婚」といったものも、はたして二十一世紀末まで、いまのままの形で残るとは私には思えない。制度やしきたりのようなものは、ほんのちょっとした社会のムードのようなもので消失することもある。

このように見てきて、私がどうしても二十一世紀に遺したいと思う文化遺産は「社会保障」である。

社会保障の輪が広がった

社会保障というのは厳密にいえば、二十世紀の産物ではない。社会保障の考え方の発端はドイツのビスマルクだという説に従えば、ビスマルクは十九世紀の人である。しかし、社会保障が先進国で「普及」したのは二十世紀である。イギリス、スウェーデンなどで、今世紀の半ば、あるいはそのちょっと前から国の施策として、健康保険や年金が採用された。そして、ドイツ、フランス、日本などにも輪が広がった。

日本の場合、昭和の初め、健康保険（いまでいう組合健保）が登場した。しかし、これは社会保障というより「産業戦士」を守るといった色彩が強かった。のちの結核対策が公衆衛生的立場で展開されたのではなく、あくまでも目的は「富国強兵」にあったというのと似ていて、社会保障といえるのかどうかははっきりしないといえよう。

しかし、スウェーデンが一九三〇年代に始めた健康保険や年金の政策は、社会保障のスタートといってもいいだろう。そして先進国の多くは第二次世界大戦の終結を機に社会保障に手を付けたといえるだろう。イギリスのＮＨＳ（ナショナル・ヘルス・サービス）もそうだし、日本でも一九六一年（昭和三十六年）に国民皆保険と国民皆年金を同時にスタートさせた。

「弱肉強食」とか「人間は所詮は頼れるのは自分だけ」とかいわれる。しかし、人間社会では昔から隣人は助け合ってきた。キリスト教の果たした役割のひとつは、この隣人の助け合いだったといえるし、日本でも村落というのは、それだけで一心同体に近い共同体だった。この系譜は戦時中の隣組にもつながっていると思う。

だが、こういった風習は、世界的に消失しつつあった。というより消失したといったほうが適切であろう。私はこの人類の「助け合い」のようなものは、人間社会には絶対欠かせないもので、これがないと人間は生きていけないのではないかと思う。だから私はこの社会の互助精神のようなものを制度として確立させたものが「社会保障」なのだと思う。

いまさらという感じはするが、日本でも戦後に登場した健康保険や年金によって、助けられた人は枚挙にいとまがないくらいであろう。

しかも、かつての地域の互助精神の恩恵は、一家全部が困窮したときか、不幸の波が押し寄せたときという「一大事」のときに、お互いに助け合ったものだったが、社会保障という制度になると、病気や失職、老化といったことをいちいち心配することなく、安心して生きていくことができる。

そして、世界の先進国の国民は、いまでは、こういう社会保障に守られているのが当然だと思っている。当然と思うのは一種の進歩かもしれないが、結局は国民の間の互助精神の発露のようなもので、うまくいっているといえよう。

社会保障の財政ピンチ

ところで、社会保障はむずかしい問題を内包している。そのひとつは、社会保障は右肩上がりの高度経済成長のときにはうまくいくが、経済成長が終わって成熟化すると、社会保障の経費をまかない切れなくなるということである。経済が成長しているときには雇用もうまくいっているので、日本の場合は組合健保や政管健保に加入する人が多い。しかし、企業にリストラの嵐が吹くと、当然のこととして、退職者がふえる。これらのサラリーマンは退職すると組合健保や政管健保から脱落して国民健康保険（国保）に加入する。こうして国保の財政は一層悪化する。

健康保険が何種類にも分れているという日本の特殊事情かもしれないが、基本的には経済が弱くなると、国が社会保障費を出す余裕がなくなる。社会保障費は結局のところ、国民が負担する以外に方法がない。よく「国が負担せよ」と声高に主張する人がいるが、景気がよくて、税収が多いと、社会保障費にそれを回すことができるが、税収が少ないと財源としては増税する以外に方法がない。そこで、北欧などでは軒並みに消費税が二〇%を越えていて、スウェーデンでは二五%である。ほかに財源がないというわけである。

日本だけではないが、一部の先進国が抱えている問題に少子化現象がある。社会保障はその方式に若干の差はあるにしても、基本的には働いている人が老人や子どもを支えるという図式である。これが日本の場合は他の先進国にくらべて若い世代への負担が大きい。

たとえば、日本の年金は賦課方式といって、現在の老人の年金のすべてを若い人が負担するという方式になっている。ほんとうは、こういった方式でなく、老人を世代（たとえば昭和一ケタ生まれといった具合に）ごとにグループ化し、それらの人々が若いときから年金資金として拠出し、その金をプールして、元金をふやして、その人々が一定年齢（六〇～六五歳）になったら、分配していくというのが本来の年金であり、これなら問題は深刻にならなかった。

日本のような賦課方式は、若い人が多い時代（団塊の世代が若かったときのような時代）にはうまくいくが、少子化になると、どうにもならなくなる。一九九九年度の試算だが現在の厚生年金制度では、戦後の高度経済成長という要因もあるが、保険料の掛け金合計に対する給付合計の倍率は、七〇歳の人（一九二九年生まれ）が一一・三倍に対し、六〇歳（一九三九年生まれ）の人が給付を受けるときには五・四倍、五〇歳（一九四九年生まれ）で三・四倍、四〇歳（一九五九年生まれ）で二・三倍、三〇歳以下の人が給付年齢に達しても一倍台の給付しか受けられない（厚生省試算、国庫負担1/3、保険料の企業負担分は除外）。こうした不平等が存在する。それだけではない。いまの若い人たちは、自分たちが老人になったときには「年金として積み立てをしても給付がないのではないか」と思っている人が多い。賦課方式の理屈だけで通すと、下手をするとそういうことにもなりかねない。こういう不信感を与えたのは政府に責任があるが、国民のほうにも社会保障の実態を知らないという面がある。

未来図描けず国民に不安感

現代の老人に「生活で何が心配か」というアンケートを求めると「老後に不安」と答えた人が八五%だった（朝日新聞一九九九年七月十七日付朝刊）。そのうち、とくに不安なのは、生活費等の経済的不安（二八%）がトップだった。

また、経済企画庁が一九九九年二月に行なった調査でも、老後に不安と答えた人が年齢層によって異なるものの、五〇%台から八〇%台までもあった。なかでも生活費への不安が五二%でトップだった。たしかに老後への不安を感じている人はふえている。現在の不景気を反映して不安を感じている人が多いという側面もあるだろうが、不景気が長期にわたっているので、社会保障への不安が起きていることも事実であろう。

それに国民に不安をもたらしている原因は、一向に二十一世紀の社会保障の未来図が描けないということがある。政治の構造が変革期にあり、官僚の腐敗が表面化し、政治家の腰が座っていない。この問題に直接関わる厚生省と医師会が必ずしもうまくいっていない。こういったことのために二十一世紀の社会保障の青写真はまったく手に着いていない。こういうことも若い人たちだけでなく国民の各層に不安を与えているのだといえよう。

「局あって省なし」の官僚行政

日本の社会保障の青写真をつくる場合、とくに重要と思われるいくつかの問題点がある。その第一は、社会保障全体を総合的に見て考えねばならないということである。そこが欠落しているのが日本の弱点のように思う。

日本では官僚行政のことを「局あって省なし」という。社会保障の面でも、年金は年金局、健康保険は保険局、医療は健康政策局、介護は老人保健福祉局といった具合に、バラバラに行なわれている。これを統一するのが大臣官房だと思うが、歴代官房で統一した考え方を実行したことはほとんどない。

また、日本は各局ごとに大蔵省主計局と予算の交渉をする。だから日本の役所のなかで、社会保障全体の総合性をいちばんわかっているのは厚生省ではなく、大蔵省主計局の厚生省担当主計官ではないかと思う。厚生省担当主計官は、厚生省全体の予算を担当しているので、全体的にモノを見る訓練を経ており、私などもときどき話をすると啓発されるところが多い。

つまり、ひとくちにいうと、厚生官僚には優秀な人は多くいるが、みんな「局という名の制約」から脱却した発想はしにくいようである。社会保障の問題を考える場合に、年金や医療、介護をバラバラに考えていたのでは、下手をすると、各局の予算の分捕りにもなりかねない。

「なんでもタダ」は福祉の最大の敵

第二の問題点は、社会保障の根幹の問題である「何を保障し、何は保障しなくてもいいか」が、社会保障を施策として推進する政治家や官僚の間で等閑視されているということである。この点はあとでくわしく説明するが、かいつまんでいうと、そもそも社会保障というのは、大病になって医療費が支払えなくなるとか、失職して路頭に迷うとか、高齢になって家もなく貯えもないといった「人生における一大ピンチ」に手を差しのべてもらうもので、基本的には社会連帯によって支えられているものである。

本来の社会保障はこういうものなのだが、国民の側にも社会保障への甘えのようなものが出てくる。できるだけ広範囲に保障されるのが好ましいと思うようになる。一方、政治家のほうも、人間のそういった欲望につけ込んでそれを票にしようとする。私見をいわせてもらえば、日本で戦後、ずっと保守党（自民党が主）内閣が続いたのは、本来は革新政党が天下をとったときに施策として展開される社会保障を自民党が先取りして実施したためではないかとさえ思う。

これをもっと徹底して行なったのが美濃部都政であり、世上いわれるように「バラマキ福祉」であったことはまちがいない。バラマキ福祉の行きつく先は財政破綻である。美濃部都政がそうだったことは、事実が示している。「なんでもタダ」という思想は、実は福祉の最大の敵なのである。福祉という名で、なんでも自己負担なしに行なうのが善政と考えるのは、現代人の陥りやすい罠である。

福祉の肥大化とリストラ

第三には、社会保障を充実させるのはいいことだが、肥大させるのはよくない。多かれ少なかれ社会保障を充実させると「大きな政府」になりがちである。多くの国民は社会保障の充実は望んでいるが、政府が大きくなって増税させるのは勘弁してほしいという、いわば二律相反の考えになっている。ここのところをすっきり割り切って税金はいくらでも出すから社会保障を充実してくれという人ばかりだったら、ものごとはやりやすいだろう。しかし、現実はちがう。

多分、社会保障のために消費税を一五％に上げるといったら、日本人の多くは社会保障はほどほどでいいから消費税は上げるなと言うに決まっている。ここのところの帰結として私たちが考えねばならないことは、社会保障には絶えず効率を求め、いい意味でのリストラを常時していかないとうまく作動しないということである。

肥大化するのはやさしい。しかし、それにリストラをかけるのは簡単ではない。肥大化した中で仕事をしている医療従事者と、それにどっぷりつかっている国民がリストラに反対するからである。いまの日本で二十一世紀の社会保障の改革案が一向に日の目を見ないのは、リストラに関係団体が反対しているのも一因である。

表1　社会保障給付費の将来予測
(厚生省、兆円)

	1997年	2025年
年　　金 (基礎年金)	36.4 (12.1)	109
医　　療	29	90
福　　祉	7.7	31
合計	73.1	230

1997年の基礎年金の3分の1は税金による国庫負担、同じく医療のうち約一割の3兆円は患者負担で、4分の1は国庫負担による。
2025年の福祉の予測中、約16兆円は介護関連。

二〇二五年の「暗い数値」

私の手元にA4版一枚の紙がある。そこには二〇二五年の社会保障費の予測が書いてある(厚生省推計、**表1**)。この数字を見て驚かない人はまずいないだろう。総額二三〇兆円で、その内訳は、年金一〇九兆円、医療費九〇兆円、福祉三一兆円(うち介護一六兆円)となっている。二〇二五年というのは日本の高齢化がピークを迎える年だといわれているが、それにしても社会保障費の大きさに愕然とする。現在の社会保障費の総額は約七三兆円だから、三倍強になるわけである。ただ、この数字は、いまの社会保障をそのまま伸びるに任せた場合ということで、だからこそ、なんらかのリストラを社会保障そのものに加えざるを得ないのである。

こういった将来予測には前提が置かれているものである。この予測の前提は次のことがある。①経済成長率を二〇〇〇年までは一・七五%、二〇〇〇年以降を一・五%、②一組の夫婦の生涯出産率を二〇〇〇年までを一・三八、二〇〇〇年以降を一・六一とそれぞれ見込んでいる。早い話がすでに二〇〇〇年までで、この前提は大きく崩れている。

この数字の別の面での恐ろしさは日本の人口は減っていくことだ。現在一億二〇〇〇万人の人口は二〇五〇年には一億人になり、二一〇〇年には六七三〇万人になる。驚くべきことにいまのままでいくと五〇〇年後に日本人の人口はゼロになる。日本人は「トキ」のようなもので、日本人が消滅するのは時間の問題なのである。

今後、日本人はますます老人がふえていく。それを支える労働人口は減少の一途を辿り、労働人口となる人々にはものすごい重荷になる。今世紀末では、四人の若い人が一人の老人を支える勘定になっていたが、この比率は高齢化が進むほど若い人たちの負担がふえて、二〇二五年ごろには、実に二人の若人が一人の老人を支えるという計算になる（日本人口予測約一億一〇〇〇万人中、六五歳以上の老人人口約三〇〇〇万人、生産年齢人口約六五〇〇万人）。

日本人が五〇〇年後に消滅するかどうかはともかくとしても、日本民族が生存している限りは、きっちりとした社会保障制度のもとで生きていってもらいたい。そのためには、みんなが喜んで享受できる社会保障であるとともに、若い人たちも負担できるものでなくてはならない。

制度の改革というのは時間がかかる。決定するまでの時間もかかるが、決定してから実施に移すまでの時間もかかる。いま、案ができていても、スタートするのは二〇一〇年ごろである。それが、現時点で何もできていないというのは政府・自民党の怠慢だといっても過言ではない。早急に改革案を提示すべきである。

提言——基礎年金十万円構想

破綻している日本の社会保障

社会保障の財政は、少なくとも日本では破綻しているといっても差し支えのない状況である。これまでの社会保障は右肩上がりの経済成長によって支えられ、それによって充実されてきた。それと、これまでの日本は、団塊の世代などによって、若い人たちも多く、これらの人たちが社会保障を支えてきた。

一般的にはあまりいわれていないが、社会保障は一度その枠を広げると、それを元に戻すことは非常にむずかしい。かつて美濃部東京都知事が、老人医療の無料化を実施した。実際には財政的にはこの負担はたいへんなものだったのだが、その頃は高度経済成長の最後の頃で、そのうえ「なんでもタダがいい」という風潮が世の中を支配していたので、全国的に老人医療の無料化は実現した。しかし、高度経済成長がストップして、実際に老人医療の無料化は不可能になり、東京都もばらまき福祉のために赤字団体に転落した。この「なんでもタダがいい」という考え方を改めるためには、その後十年ぐらいかかった。ようやく老人医療にも自己負担の考えを導入できるようになった。これに似たことは、二〇〇〇年の四月一日から介護保険がスタートしたが、これに対する不満のなかでかなりのウェイトを占めているのは「これまでは福祉だったのでタダだったのが、なぜ保険料や自己負担がいるのか」という意見が多い。これは厚生省のPR不足もあるが、一面、国民が社会保障に慣らされてきたという面もある。

もともと、社会保障は社会連帯責任のうえに成立しているもので、個人が危急存亡に陥ったときに発動されるものである。それが、かなり幅広く保障されるようになったので、どうしても財源難にならざるを得ない。この社会保障の財源は、いろいろの意見があるが、結局のところは、国民が負担する以外に方法がない。現状は六〇％が保険料、二五％が公費だが、公費といっても、もとは税金である。国民の立場から見れば、社会保障の財源の調達方法は、税金で調達するか、保険にするか、自己負担にするかのいずれかの方法しかない。この選択をめぐって識者といわれる人たちは、いろいろと議論百出しているが、最終的にこれを決めるのは国民で、世論調査あるいは国民投票する以外に方法はない。

基礎年金を一人十万円にする

このあたりで、私は端的にひとつの提案をしたい。二十一世紀の社会保障のスケルトン（骨格）を提示しよう。これはあくまでもスケルトンで、その提案理由や、それに付随した問題についてはおいおい説明していきたいと思う。

この提案でもっとも重要な点は、いま、日本の国民が持っている国や政治への不信感をどうやって除去するかということである。おそらく、いまの国民の大多数は政治や政治家に対して、ぬぐいがたい不信感を持っている。戦後ずっと私利私欲、党利党略に終始してきた政治家が多かったことの決算が、この期に及んできたのだといってもいいだろう。

そのひとつに、さきにちょっと触れた「年金」の問題がある。現在の若い人たちの大半は「自分たちが老人になったときには、いまのように十分な年金がもらえない」と思っている。政府や厚生省は「そんなことはない」といくら説明しても納得しない。その結果、現在、国民年金では四〇〇万人が掛け金を払っていない。これが政治への不信感なのである。私は国民の社会保障への不安の中で、いちばん大きくて強いのは、年金であると思う。

年金はどの国でも、老後の生活の支えである。日本の場合、年金改正で従来は六十歳から支給されていた年金を六十五歳から支給するようにした。もちろん段階的に徐々に支給年齢を結果として五年おくらせるようにしたのだが、庶民の感覚でいえば、社会的には定年は六十歳である。年金を六十五歳から支給するのなら、企業の定年を六十五歳にしないと、六十歳から六十五歳までの五年間は無収入になると思うのが庶民感覚であろう。せめて、年金を六十五歳支給にするのなら、定年延長の行政施策を労働省が平行して推進するのが政治としては必要なのではないかと指摘していた識者もいた。

そこまで行なうのは、いささか「過保護」とも思われるが、国民の眼から見ると、年金は老後の命綱であり、年金を社会保障の中で最重要視する姿勢は必要であろう。私は老後安心して生活できるだけの年金をすべての国民に支給することが必要だと思う。それには、基礎年金としての支給最低額を生活保護以上にするというのが私の考えである。

この理由はいくつかあるが、現在の生活保護の支給額は夫婦で十三万円で、全国で九〇万人に支給されている（基礎年金は一人六万七千円）。それが多いか少ないかはともかくとして、現在、小さな町村では生活保護費以下の年金の人が町村の住民の五割以上もいるといわれる。もちろん、これらの人たちのすべてが、年金だけで生活しているのではないだろう。子供からの仕送りのある人もいるかもしれない。なかには、山を持っている人もいるかもしれないが、現金収入は年金だけという人も多い。現金収入がなくて年金だけでは、とても食べていくのは大変である。しかし年金を生活保護以上の水準にすれば、少なくとも食べていけるはずである。

そこで、一人十万円を年金で最低保障し、それで老後の生活の保障をすることを国民に公約する。この費用は社会保障費の中でも優先して支出する。場合によっては、この部分の金だけは消費税の中から優先して支出してもいい。これで老後の安心を確保する――。これが「年金優先・生活充実費支給」ともいうべき私の提案である。

提言の予算的見通し

こんなことをすると膨大な予算が必要だと思う人がいるだろうが、それほどのことはない。もし

表2　日本の社会保障、「基礎年金一人10万円保障」の改革案

基礎年金	24－36（兆円） (国庫負担⅓～½)
医　療	その相当額を節減する。健康保険の一元化、ICカード導入、薬代償還制、等
福　祉	介護、難病、等
合計	国民所得の50％以内を目安に

基礎年金一人10万円を保障した数字のバラツキは老人人口の推移による。36兆円は2025年を見通した老人人口3000万人に対応。

一人十万円の年金を全老人（六十五歳以上）に支給するとして、一人当たり年間一二〇万円、老人の数を二〇〇〇万人として年間二四兆円、二〇二五年を想定した三〇〇〇万人として三六兆円である（**表2**）。この二四―三六兆円を高いと思う人がいるかもしれないが、そのかわり、基礎年金以外の年金はすべて個人や企業が行なうものとして、国は関与しない。基礎年金三六兆円としても、現行の年金額と大差ない（表1参照）。

年金を最低でも月十万円支給するようにすれば、生活保護費以下の年金はなくなる。老人にはすべて最低以上の生活を保障するということになる（医療と介護については後述）。

ここで、少し厄介な問題が生じる。それは、付加年金を多額に受けている人からは基礎年金を返却してもらうと財政的にはぐんと楽になるのだが、これを要求するのは私は無理と思う。けれども定年後も相当の収入を得ている人には年金を遠慮してもらうことを求めるべきだと思う。

年金を十分に支給することによって、老人の医療費の自己負担や、介護保険の掛け金等は、すべて年金から徴収（天引き）する

ことにすればいい。年金というのは、孫の関心を買うための小づかいではないし、まして年金を貯めて遺産の一部にしようというような魂胆を持つべきものではない。年金は老後の毎日を送るための生活費である。支給されただけを使い切ればそれでいいのである。老後になって健康を害したり、老化現象に襲われたり、介護を必要とするようになった場合、その費用は年金から支払われるのが当然である。

もちろん、現行の高額療養費給付制度は残し、できれば老人については負担する上限の金額を三万円程度に下げるべきである。医療や介護のすべてが年金でまかなえるかどうかは、人によって見方もちがうが、高額療養費給付という歯止めがあれば、なんとかなると思う（現実には一般の老人の高額介護サービス費は三万七二〇〇円に決定した）。

老後の生活では、いちばんかかるのは食費であろう。老人保健施設などにいたとして、食費は、大体月に五万円、介護保険の掛け金が約三〇〇〇円、介護料の一割負担（これは上限が高額療養費給付と同じ）等を入れても月十万円でなんとかなると思う。

年金から介護や医療費を払うことに反対して、それも全額国費で面倒を見ろという主張もあるが、すべての人に基礎年金として生活保護費相当額以上の十万円を支給すれば、一応路頭に迷うことはなく、少なくとも「十分に生きていくことのできる保障」といえると私は思う。

年金の中から医療や介護の費用を出すのは、世界的にみても当然のこととされている。フランスやドイツでは随分以前から、老人がナーシング・ホームに入所したさいには、その人の年金をナーシング・ホームの施設長が預かることが法律で認められている。施設長はナーシング・ホームの経費を支給された年金から差し引いて、残りを入所者に渡すのが通例となっている。この方法だとナーシング・ホームにとって未収になることがないし、実際にこの方法で、ナーシング・ホームに入所している老人たちは十分に生活できるとされている。

基礎年金十万円が持つ意味

基礎年金を一人十万円支給することによって、老後の医療や介護や生活をまかなおうという考え方だが、これで決して十分な生活ができるとは私は思わない。しかし、老後の最低保障にはなると思う。私が強調したい点は、「年金は成熟した」といわれるが、それは、大企業のサラリーマンとして一生を送って、現在、年金生活をしている人は、たしかに一カ月二十万円以上（もちろん付加年金を加えて）もある人が多いが、そんな人ばかりではない。

さきにも説明したように、市町村の老人のうち、半分ぐらいは生活保護は受けていないが、生活保護を受けている人（夫婦で一カ月約十三万円）よりも少ない所得で生活している。これらの人たちは、一応福祉年金などを受給しており、山林や田畑のような不動産を持っている。しかし現金収入としては、ごくわずかの福祉年金しかない。これが、いまの日本の老人の平均的な所得である。

私が一カ月十万円の基礎年金支給を主張するのは、実際には老人の大半は低所得者で、とくに国民健康保険に加入している人は、所得が少ない。サラリーマンと比べて生涯所得が低いと思われる。

とくに一次産業に従事して、老境に入った人たちは、ごくわずかの田畑を所有しているにすぎず、老境になると農産物等の生産もできず、しかも田畑を所有しているので生活保護の適用も受けられない。わずかの福祉年金では生活もままならない。これらの人たちもやがて、介護を必要とする状態になったり、病気になって入院せざるを得なくなったりする。そのときには福祉年金ではどうにもならない。

十万円というのは決してぜいたくのできる金ではない。しかし、人間一人が最低の生活をしていくことのできる金額である。多くの老人は、住む家は持っている。病気にならなければ、十万円は食費と光熱水道費だけなら、なんとかなる。仮に介護を必要とするようになったとしても、特養、老健、療養型病床群に入所したとしても、十万円でまかなうことはできる。病院に入院するにしても高額療養費給付制度があるので、やっていくことはできる。そのギリギリの金額が十万円なのである。世間では、社会保障を「安楽に生活できるもの」と受け止めている人もいるが、これはまちがいである。安楽に生活できるレベルを社会保障するのはできない相談である。

ギリギリの線というのは、多少のアローアンスを見ると月十万円（現在の物価で）ということになるのではないかと思う。そのかわり、この金額ですべてをまかなうようにしてもらわねばならない。そして、老後（六十五歳以降）月十万円の年金を支出するためには、若いときから、基礎年金の掛け金も少しふやすべきだし、国庫負担もある程度は必要ということになる。

ただ、国が補助する年金は、基礎年金に限るべきで、付加年金はあくまでも労使の間で掛け金の負担割合を決めるべき性格のものであると思う。私見をいわせてもらえば、付加年金というのは厳密な意味では社会保障とはいえないのではないかと思う。どちらかといえば、民間保険のようなものので、国が付加年金まで関与する必要はないと思う。

社会保障は、その人の人生のピンチといえるような状態になったときに救うのが本旨である。だから、より豊かなものを求めることは人間にとって必要だし、時代が経つにつれて最低保障のレベルは少しずつ上っていくだろう。しかし、ギリギリの生活を保障するのが社会保障であると私は考える。だれしもゆたかな生活を望むのはいうまでもない。しかし、考えてみると、私たちは一方では社会保障に生活の高望みを求めているが、反面、実際にはレベル以下で生活に困っている人に十分手をさしのべていない。ここに問題がある。同じ日本人に生まれた以上は少なくともギリギリの生活は、できるようにすべきである。私のいう「十万円年金構想」はこういった考察のうえで考え出したものである。

社会保障の統合化に向けて

「十万円構想」は次のような点で画期的な面がある。これまでの厚生省は各局に分かれ、年金、医療、保険、福祉は、それぞれ年金局、健康政策局、保険局、老人保健福祉局のそれぞれの局が担当していた。それらのあいだには一種の「なわ張り」のようなものがあり、口を出さないようになっていた。これを社会保障という一本の柱でくくり、医療、年金、保険と割拠主義であった社会保障を統合化しようとするものである。これまでの「局あって省なし」といわれる官僚機構にあっては「絶対不可能」とされてきたことなのである。現在、官僚への批判が強まり、省庁再編という雰囲気が出てきたので、こうした考え方も通る可能性があると私は思うが、官僚はかなり抵抗するものと思われる。

別の視点として、社会保障の中核に年金を据えたのは、現在の状態では、大半の人々は一定年齢(男七十六歳、女八十歳)まで生きられるようになったからである。もちろん、若くして死ぬ人が皆無ではないが、老人の年齢まで生きるのが当然とされるようになった。老後の不安の第一は、だれにとっても経済的な問題である。

もちろん、健康も大きな問題である。健康上の実際の不安というのは人にとって千差万別である。不安そのものはだれにでもあるが、出現率のようなものは、それほど大きいものではない。たとえば、いまやかましくいわれている介護にしても、仮に平均寿命まで生きるとして、介護が必要な状態になる人は二人に一人である。これを多いとみるか、少ないとみるかは人によって見方はちがうとは思うが、少なくとも介護を必要とする人と年金を必要とする人をくらべると年金を必要とする人のほうが多いとは言える。

一生の間、ほとんど病気にならずに健康保険を必要とせずに平均寿命以上生きて、ポックリ死んでいく人も少なくない。しかし、日本において年金を一切必要としない資産家は、現在では非常に少ないし、皆無ではないにしろ、社会情勢からみても、資産家は減っている。どうみても「年金」

の重要性はますます高まっているといわざるを得ない。そこで、私は老後の社会保障の中心を「年金」に据えたわけである。

人生万事金という考え方をしているわけではない。しかし「先立つもの」としての老後の年金は最重要視すべきである。仮に「十万円年金」というのが国民の賛同が得られるなら、その財源をどうするかというのが次の問題になる。政治家のなかには、簡単に税金で取れと主張する人がいるが、このことがいかにむずかしいかは、日本の政治家自身が一番よく身に泌みて知っているはずである。日本は社会主義国家ではない。しかし、戦後の行政は「かなり社会主義に近い自由主義」だったといえるのではないだろうか。戦後、経済が右肩上がりを続けてきたという事情があったにせよ、保守党内閣が一貫して社会保障の充実に努力しただけでなく、それによって、保守党内閣がつづいたともみられている。

しかし、日本の社会保障はよく見ると、税金と保険を上手に組み合わせてやってきたともいえると思う。年金にしても、単なる積み立てだけで運用してきたのではなく、国庫補助もこれまで基礎年金の三分の一を支出している。健康保険についてもイギリスのように国家予算で金額を決めて、それ以上はビタ一文も支出しないというような姿勢ではなかった。保険方式で運営しながら、財政状況のよくない国民健康保険には約五〇%の国庫補助（市町村分を含めて）を行ない、組合健保より財政状況の悪い政府管掌健康保険には十数%の国庫補助を行なってきた。簡単にいうと国庫補助（すなわち税金）と保険の折衷型で終始してきたといえよう。

この方式は論理が伴ないにくいという欠点がないわけではないが、私は「無理のない方式」のように思える。これを、もしすべて税金でまかなうという形にしていたら、おそらく日本の消費税は、いまのスウェーデンのように二五％になっていただろうし、その率を上げるたびに政治問題になっていて、内閣がいくつもつぶれていただろう。日本が採用してきた方法は、賢明な方法だったといえるように思う。私が提案している「十万円年金構想」も、国の支出に頼るだけでなく、本人自身もある程度の掛け金を出すべきである。その結果として、老後の月十万円を確保するように仕組むべきである。

望まれる社会保障のプラン

そのさい、何が一番必要であるかは、国民が政府を信頼しなければならないということである。かつて、日本の官僚は明治以来、昭和の終わり頃までは、それなりの信用があった。政治家への信頼は義理にも「ある」とはいえなかったが、官僚への信頼はそれなりにあった。社会階層的にも最高のエリートとみられる人たちが官僚に就職していて、それなりに仕事もしていた。しかし、大蔵省をはじめ、各省の汚職により、国民の官僚への信頼感は一気に吹き飛んだ。現在、国民年金の掛け金の未払い者が四五〇万人もいるというのは、私は政府および官僚に対する不信の象徴なのではないかと思う。

いまの若い人たちは、自分たちが老人になったとき、厚生省のいうように年金がもらえると思っている人は少ない。そうかといって民間保険も、いつ山一証券のように倒産しないとも限らない。いまの国民、とくに若い層は、何も信用していないといってもいい。おそらく「頼れるのは自分一人」と思っているのではないだろうか。私自身、昭和二十年の敗戦を経験しているので、いまの若い人たちの心理も理解できないことはないが、現在の政治家は、こういった危機感を持っているのだろうか。「次の選挙に自分は当選するか」という以外に何の関心もないていたらくにうつらないでもない。

いまもっとも必要なことは、政治家が、国民に対して信頼回復に努めることである。ある意味では、この信頼回復策こそ、あらゆるものに優先して必要なのではないかと思う。

例として適切でないかもしれないが、いま一流病院では単純ミスが続発している。病院というのは薬や患者をまちがえて殺される場所かと思うぐらいひどい。これに対して、どの病院でも、安全システムが欠落していたので事故が起きたと考えて、新しいシステムをつくって「これで事故は起きない」と考えているが、これでは事故は多分減らないだろう。この病院ミスの根本的な原因は、病院という一種手づくりのような作業の連続である職場に、オートメーション工場（たとえば自動車工場のようなもの）と同じ手法を導入するために、仕事を無味乾燥にこなしていくだけで、これではミスは起きる。ミスを起こさないためには、システムの改善より、医療従事者一人一人の自覚こそ必要である。全国の病院で行なおうとしているシステム改善は「仏つくって魂入れず」ということになっている。

いまの政府は、この医療ミス対策に似ている。根本的な改善（政治家や官僚の姿勢等）をせずに、目先のことだけをいっている。これでは若い人は国民年金に加入しないし、年金を信用するという方向に行かない。

いま、一番重要なことは、政府が、二十一世紀の社会保障のプランをまとめるとともに、総理が国民に向かって年金と健康の保障を約束することである。もっとも、総理が約束しても、総理はせいぜい二年しか持たないではないかという人もいるだろう。しかし、政府には国民に約束するとか、信頼を持ってもらうといった姿勢が皆無である。国民への約束どころか、そうしたプランさえ見えず、この数年もたもたしているだけである。

何を保障し何を保障しないのか

社会保障の原点は「互助精神」

社会保障を考える場合、もっとも大切なことは「何を保障し何を保障する必要がないか」ということである。ここを誤まると大変なことになる。かつて、日本の一部では「何でもタダこそ最高」という考え方がはびこったことがあった。これは社会保障ではなく、単なる「エゴ」にすぎない。これを実行しようとしたら、晩年の美濃部都政のように借金まみれになって、結局は国民が税金で尻ぬぐいをせざるを得なくなる。

そもそも社会保障の誕生のいきさつからみても、根本思想は「救貧」にあったのだろうと思う。どの社会でも、文化が発達すると、自分たちのことを考えることから、他人への思いやりをするようになる。人間は社会的にみて、発達の過程で、①その日どうして食べるかを考え行動する、②少し食糧に余裕ができると、その食糧を保存することを考える、③生活に余裕ができると他の人より、すぐれたもの、差のついたものを身につけたいと思う——。人間はこの三つのコースを経て、やがて社会が誕生するとフランスの社会学者は指摘している。

その社会が誕生する頃と相前後してでてくるのが「自分と差のある人を助ける」という行為であろう。この行為は当初は個人レベルのものであろうが、やがて、それを地域で助けようというようになった。「互助精神」といわれるものがそれだ。おそらく社会保障の原点はこのあたりにあるのだろう。キリスト教にしても隣人愛を強調して普及につとめたのは、エゴイズムでは社会が成立しないことを示したものと思う。

この社会保障の原点の時代、人々が隣人を助けるというのは、その隣人の陥っている最大の不幸、生活のピンチに手を差しのべるということだったと思う。大病になって一家の柱が倒れたとか、収入が途絶えたといったときに隣人で助け合ったのが互助の精神だったと思う。この互助の精神を社会全体に広げて、みんなで不幸な人のリスクを救おうというのが社会保障である。だから何でも手を差しのべるのではないし、救われたほうもそれに甘えてはいけない。

「高額療養費給付」の重要性

ほんとうの社会保障の精神というのは、大病をしたとか、一家の大黒柱が死んだとかいったケースで、人生のドン底に突き落とされた人を救うというのが本旨だったと思う。

この幅を広げていくことは結構なことではあるが、いくら社会連帯責任という大義名分があるにしても、幅を広げれば経費もかかる。つまり金がかかるわけで、そこにはどうしても「一線」があると考えるべきである。たとえば、医療保険を例にあげれば、重病で入院したりした場合には、できれば全額保障してあげるべきだろう。しかし、簡単な病気、カゼひき、腹痛、二日酔い、切り傷といったようなものは、保障する必要はないと私は思う。

この意味からいって、現在の日本で導入している「高額療養費給付」という制度は非常にすぐれた施策だと思う。この制度は昭和四十年代の後半に導入されたもので、当時私は旧社会保険審議会の委員をしていて、導入に双手を挙げて賛成したのを覚えている。それから四分の一世紀経ったが、国民の間に定着している。率直にいって、私はこの制度さえあれば、多少自己負担がふえたりしても問題はないと思っている。

二〇〇〇年四月からスタートした介護保険の自己負担分（定率一割）についても「高額療養費給付制度」に相当する「高額介護サービス費」が設けられており、重度の介護を必要とする状態になっても、さきに説明した年金を最低生活保護以上なみに支給すれば、十分に負担することができる。老人の高額介護サービス費は、先にも述べたように医療の「高額療養費給付」と同じ水準となっている。

何を保障するかというのは、現代社会でいえば、年金と医療費の高額給付をすれば、完全ではないにしても、一応の社会保障をしたということになるのではないかと思う。危急存亡に陥ったときに制度的にそれを支える仕組みが社会保障なのだから、根本的には、太い幹に相当する保障が必要で、それが、私は年金と高額療養費給付だと思う。社会保障には「多多ますます弁ず」という性格があることは事実であるが、だからといって、何もかも保障するというのではどうにもならなくなるのは目に見えている。

ただ、本来の社会保障と、政策としての社会保障という角度の問題があることはひとこと指摘しておきたい。ここのところを世間では混同している向きがあると私は思っている。

北欧の社会保障はなぜ充実したか

北欧の各国、スウェーデン、デンマーク、ノルウェー、フィンランドの四カ国はいずれも社会保障は日本などに比べるとたしかに内容も充実している。なぜ、ヨーロッパの北のほうの国だけ社会保障が充実したのかを不思議に思う人が多いだろう。しかし、この理由は多くの人の考えていることとはまったくちがう。

たしかにスウェーデンの場合は、一九三〇年代から社会党内閣が四十年近くも続き、早い時期に医療や年金を社会保障として実施したのは事実だが、北欧の四カ国はいずれも、今世紀の半ばのちょっと前から女性が社会に出て働きはじめた。女性は家に閉じこもって亭主や子どもの守をしているより、社会に出て働くほうが実際に面白かった。そこでどんどん職場に進出した。これは大きな流れになり、一九七五年の時点でスウェーデンでは既婚婦人五人のうち四人が働いていた。

女性の社会への進出は当然のように保育所や育児所の充実を要求した形になった。こういう施設に多額の予算を必要としたが、政府にしてみると、女性が働くことによって収入を得、その女性たちが税金を払うから働く女性が「財源」だったわけである。また、一時期、女性が働くことによって出生率が低下したことがあった。出生率の低下は少子化現象を起こす危険性が高いので高額の児童手当を支給するようになった。

世界で最初に老人対策に取り組んだスウェーデンといえども、今世紀の初頭までは、老人は家で家族の手によって介護されていた。しかし、老人を介護する人たちが職場で働くようになったので、国は老人対策に本気で取り組むようになった。デイ・ケア、デイ・サービス、ショート・ステイといったものはすべて「老人の保育園」のようなもので、最初はイギリスやフランスで試みられたが、そのうち北欧で発達し「本家のお株を奪った」形になった。このことも、かつて自宅で老父母の介護をしていた女性が働くようになったからである。

スウェーデンでも当初は、これらの老人をナーシング・ルームやジェリアトリック・クリニケン（長期療養型老人病院）などに収容して介護する方式を採用していたが、一九七五年頃から、できるだけ在宅（スウェーデンの老人で家族と一緒に生活しているのは二〜三％）にした。在宅といっても単独か老夫婦だけで生活しているので、ここから北欧型の在宅療養が始まるわけである。

どこまで国民に負担を求めるか

私たちは、社会保障というと、こういったもののすべてを総称して、全部が施策として展開されていないと「遅れている」と思う。たしかに充実しているほうがいいのに決まっているが、ここで登場してくるむずかしい問題が「負担」なのである。

社会保障の財源は極論すれば国民所得から支出するわけである。税金にしても保険にしても、いずれも国民が支出することにかわりはない。現代の社会保障は、北欧を見てもわかるように多岐にわたっているが、根本のところは、どこまで社会保障をする（どこまで国民に負担を求める）かは、結局のところは、政府が国民のコンセンサスを求めねばならない。そのコンセンサスの求め方は、国民投票のような方式から、アンケートを求めたり、いろいろな方法があるが、重要なものは国民投票の実施を検討してはどうかと私は思う。

国民のコンセンサスを求めながら社会保障をやっていくということになると、日本の場合、国民の最大公約数は「中福祉・中負担」というところに落ち着くと思う。この場合、どれだけ国民が負担を許容するかという総枠の問題と、もうひとつは、具体的にどういう社会保障なら認めるか、どういうものは認められないかという議論があると思う。

たとえば、現在、日本の健康保険では、正常分娩（出産）は健康保険の適用を受けないことになっているので、建て前は全額自己負担である。実際には、出産一時金・出産手当金や付加給付（組合健保）、市町村の負担（国保）などでカバーされている。しかし、少子化問題の対策として、国が姿勢を示すためには、このさい、正常分娩は健康保険でカバーするという姿勢を示すというのはひとつの方法と思う。これは多分に心理的なものであるが、出産がらみの問題はすべて健康保険で面倒をみるという考え方もある。たとえば、バイアグラを健保で認めるという手もある。もっともバイアグラが妊娠・出産につながるケースは実際には多分皆無に近いだろうが……。

健保組合は本人二割負担になぜ反対しなかったか

話を元に戻すと、私は基本的には、年金を十分に確保することと健康保険や介護保険での高額療養費給付を確保することがもっとも社会保障らしい施策と思う。

児童手当を増額したりするのは政策費で、社会保障に入れるのが正しいのかどうかには私は疑問がある。そして、社会保障の中核になる部分は、税金でも保険でもいいから確保することが大切で、もしも保険での確保がむずかしくなれば、消費税を社会保障税に目的税化してでも確保すべきである。

日本では、保険で負担を求めるのには反対が少ないが、税金を上げるとなると血相を変えて反対する人が多い。これは結局は同じことなのだが、税金を上げるというのは現在のような政治不信の時代ではむずかしい。

ただ、私が不思議に思ったことで、一九九七年に組合健保や政管健保が、健康保険の診療費を診療ごとに一割自己負担から二割負担に上げたことがある。もちろん上げたのは厚生省だが、この一割の負担増は大変な反対が起きるのではないかと私は予想したが、案に相違して、ほとんど表立った反対もなく、すんなり決まった。診療のさいの自己負担額が二倍になることに対して、さしたる反対運動が起きなかった。この点を不思議に思った私は、健保連の幹部にいろいろその理由をきいてみた。すると私にとっては意外な答が返ってきた。

「基本的には、老人保険の改革に直ちに着手する（実際にはまだやっていない）ということで組合員を押さえた」というのが説明だったが、一部の人の意見では「診察時の自己負担というのは、病気になった人だけが支払うのです。本来なら病気になれば、保険に加入していなければ、全額払わねばならないのですよ。これが健康保険の掛け金を一〇％引き上げるというのであれば大騒ぎになりますよ」

診療時の一部負担だから病気になった人の問題で、全体の問題でないという説明だが、この考え方は社会保障の考え方に悖《もと》るものではないのかと思う。

日本の社会保障はユニーク

この問題は、国民が社会保障費を多く払いたくないと思えば、病気になったときに自己負担がふえるという図式なのである。私は日本はほどほどの「中福祉・中負担」なのではないかと思う。アメリカのように弱肉強食を絵に描いたような国では、成人を対象とした健康保険すらない。ヒラリー夫人が頑張ってもなかなか健康保険はできない。そして医療費は世界一高い。

たとえば、心臓移植を三回行なった七十歳の老人がアメリカにはいる。私はこの話をきいて異様な感じを受けたが、この話を私にしたアメリカのドクターは「金があるから三回できたのでしょう」といって別に異和感のある感じは持っていなかったのに驚いた。日本人なら「三回も心臓移植をするのは図々しい奴だ」ということになる。このあたりは日本人とアメリカ人はちがうようにも思う。
イギリスでは六十歳から、ドイツでは六十五歳から人工透析は健康保険の適応を受けない。つまり自己負担なのである。これでは「金の切れ目が命の切れ目」ということになりかねない。

日本人は情緒人間で論理型になれないといわれているが、それが欠陥なのだろうか。私はそうではないと思う。「何を保障し何を保障しないのか」、日本人と欧米人の考え方はかなりちがうのかもしれないが、そのちがいがあって当然という気もする。

社会保障の財源は、ひとことでいえば国民が負担しているのだが、強いていえば①公費負担、②保険、③自己負担、の三つに分けることができるだろう。先にも述べたように、日本の場合はドイツやフランスとちがって保険制度にも国庫負担が投入されているので、②保険は①公費負担と③自己負担の中間だとみなせる。国の経済が豊かなときには公費負担がやりやすいのに対して、政府予算が窮迫すれば、自己負担を求めるようになる。

自己負担というのは医療でいえば、診療側からみると「自由診療」ということになる。ここのところはちょっとややこしいが、単純化していえば、どういう方式であっても国民の懐から出ていくことはまちがいない。ちがうのは、自分の財布から直接払うか、国家権力のようなもので〝取る〟という形になるのか（つまり税金）、社会連帯で拠出して保険するという形になるのか、である。ところが、そういっても受け止めるほうでは割り切れず、「結局はどれでも国民が負担するので同じだ」というのは理屈としてはわかっても、実感としては支払う側も、診療する側もちがうというわけである。

公費と保険と自己負担は、このように財政の問題ではなく、主として心理的な受け取め方のちがいなのである。そこのところをはっきりさせるために、次に「公費負担」について少し考えてみたいと思う。

公費負担の論理と課題

公費負担医療の始まり

「公費負担」というのは、やさしいようでむずかしい。日本の医療における公費負担の始まりは、おそらくは、伝染病のように、他人に害を及ぼすと思われる病人を隔離し、それを国が負担するというのがスタートだったといえるだろう。いわゆる「社会防衛論」である。

これが、もっとも徹底した形で行なわれたのはハンセン氏病対策であろう。実際はこの隔離は医学的に誤りだった。他人に迷惑をかける場合に限り、国が費用をだすということだった。国では、戦前から戦後にかけて「結核予防法」「伝染病予防法」「精神衛生法」「ライ予防法」などの社会防衛的な立場から、これらの病気は公費負担によって面倒を見てきた。したがって伝染病対策以外には公費負担はなかった。一般に広くみられる疾病については、原則として「自分の病気は自分で処理する」という姿勢だった。

医学の進歩と社会保障の考え方が進むにしたがって医療費が膨張し、もはや社会連帯責任による社会保険でないと、国民の大多数は医療にかかれないということになったのが、戦後である。こうして国民皆保険への道を歩みはじめ、日本では一九六一年に、国民皆保険が達成された。しかし、国民皆保険になっても医療費の自己負担は決して少なくはなかった。

そこで、徐々に公費負担の幅を広げる施策をとりはじめた。ひとつには、公費負担のなかでもっとも大きなウェイトを占めていた結核が、食生活の改善や特効薬のストレプトマイシンの出現などによって激減して、経費的にも多少の余裕ができたということもあるが、一方では「原爆病」も国が救済することになった。やがて一九七〇年代になり、公害問題が日本の各地で問題となり、国としても公費負担の適用を考えるようになった。

こうしたなかで、原因も治療もわからない、いわゆる難病・奇病の救済の必要もあって、「公害病」や「難病奇病」が公費負担の対象になるようになった。さらに老人医療（七十歳以上）も公費負担の対象となりはじめた。これらのいずれもが、当然のことともいえるが、ある意味では「善政」だったといえよう。

医療費の自己負担が、家計に大きな圧迫を与えるような場合には、公費の援助が必要になるという、「公費負担の論理」が登場してきたのである。これはたしかに進歩であろう。

医学や医療技術の進歩によって、医療費がふえる一方であるときには、こういった考え方が導入されることは、好ましいことでもあろう。そして、「老人医療無料化」に踏み切られた時期（一九七〇年代半ば）もあった。

不明確な難病の基準

医療における公費負担の導入は、個人ではとても負担できない医療費を社会保障の観点から手助けするという意味において正しいといえる。しかし、まったく問題がなかったわけではないし、実施の方法いかんによっては、いくつかの問題を起こしかねないわけである。そのいくつかを見てみよう。

まず、難病・奇病の公費負担である。難病・奇病を公費負担にすること自体は、方向としては正しいと思う。ただ、難病・奇病の具体的な病気の指定には問題があるといわねばならない。当初は、公害か、そうでないのか微妙な病気が存在していたので、ともかくマスコミでもとりあげられて、厄介なものを指定した。しかし、指定の基準があいまいなために、いきおい、次つぎと指定せざるを得なくなった。

しかし、よく考えてみると、基準が明確でないと矛盾がおきてくる。たとえば、ガンなどはだれが考えても難病だと思うが、指定されなかった。おそらく患者の数が年間二十数万人もいるために、とても負担し切れなかったためであろう。だから、「ガンになるよりも、数が少なくてむずかしい病気にかかるほうがいい」という変なこじつけも登場した。それはともかく、公費負担が少数の難病に力を入れたため、「高額療養費給付制度」が誕生した。この制度によって、とても支払えない自己負担（結果としては、国民健康保険を除いた家族の自己負担）をカバーすることもできた。

ひとくちに老人医療の無料化とか、公費負担といっても両者はかなりちがうのである。法律の裏づけのある公費負担は、国から出資しているわけだが、老人医療の無料化などは保険負担になっているわけである。このちがいを十分に認識しておかないと、ほんとうの意味での公費負担と、無料化とを混同するおそれがある。たとえば、結核の給付のようなものでさえ、組合健保が一部肩代わりするケースもあるぐらいだ。政管健保や国民健康保険に支出されている定率国庫負担は、別の意味での公費負担ともいえる。

医療費無料の〝必要悪〟

今日、健康保険の財政的危機が叫ばれているもっとも大きな原因や理由は、老人医療の負担増である。老人医療にとっても、もっともたいせつなことは、老人の健康管理である。六十五歳以上の老人は、その七割がなんらかの疾病（大半は成人病）をもっている。ところが、成人病というのは、老化現象の一種であって、結局は全治するものではない。ここのところの認識が国民の側にも為政者にも欠けている。

たとえば、高血圧症の患者に、血圧降下剤を飲ませると、たしかに血圧は下がるが、なおったというわけではない。なおったと思って血圧降下剤の服用をやめると、再び血圧は、降下剤を飲みはじめたときより高くなるのである。

東京のある病院で、十数年にわたって、その病院の外来にやってきて「高血圧症状を訴えた患者」二万数千人を調べた結果によると、三分の一は血圧降下剤の副作用によるもの、三分の一は健康管理を誤っているもの、三分の一は現在行なっている治療が正しいという結果がでている。「医療三分の一説」という言葉を、はしなくも証明した結果になっている。これをみてもわかるように、老人は病気と闘うのではなく、むしろ病気と平和共存するといっていいであろう。

別の例でいうと、人工腎臓に一度セットすると、もはや、もともと持っていた腎臓のほうは働かなくなる。その人が命を全うするまで人工腎臓のご厄介にならなければならない。

このように成人病の多くは、老化現象であって、不可逆性、つまり元には戻らないものである。そこに想像できないぐらい多くの医療費を必要とし、それにともなう供給体制を必要とするわけである。現在、多くの大病院で、入院患者のかなりの部分が老人に占められ、しかも一度入院すると、なかなか退院できない現実がある。これは、老人の病気が回復しにくいということのほかに、家族が引き取りたがらないという事情もある。病院外来や診療所も老人によって占められる率は非常に高くなり「老人クラブ」の観を呈しているぐらいである。

これが、もっとも深刻な形で財政的に影響を与えているのが、「国民健康保険」であろう。もっとも多くの老人をかかえている。しかも、その老人たちは、かつては組合健保や政管健保に加入していた人が定年退職によって、国保になだれ込まざるを得なくなった人たちである。そうした老人が、一挙に受診するようになったものである。

「乳幼児医療の無料化」は、むしろ弊害のほうが大きい、一種の〝悪政〟と私は思う。乳幼児にとってもっともたいせつなことは、定期検診なのである。乳幼児医療を無料化すると「どうせ病気になっても無料だから」ということで、検診を受けなくなる。しかしゼロ歳から三歳というのは、人間の一生のなかで、もっとも重要な時期で、このときの失敗は一生影響する。たとえばゼロ歳から三歳までの脳の発達は、三歳から二十歳までに匹敵すると言われる。ゼロ歳から一歳までの死亡率は、一生のなかでもっとも高い時期である。乳幼児検診を充実させることが本義で、乳幼児医療の無料化はその次なのである。

保険制度の改善を

このように見てくると、本来、保険の在り方からいって、マイナス一歳から死ぬまでを一貫して、一本の保険で考えていかない限り、アンバランスはいくらでも生じてくるということなのである。「組合健保」が比較的黒字だというのは、健康な若いときだけ、掛け金を集め、定年になると、国保や政管に老人を押しつけるから黒字なのである。組合健保でも、死ぬまで面倒をみるようにしたら、はたして黒字のままでいけるかどうかはわからない。老人保険の按分率を一〇〇％にしたら赤字組合がぐんとふえたのをみてもよくわかる。

世界中の健康保険をみて、財政的にバランスがとれているというのはほとんどない。イギリスのナショナル・ヘルス・サービスは、崩壊に近づいているといわれるぐらい財政難だし、スウェーデンも同様、フランスも赤字である。

多少、私見も入るが、どうやら医療というのは、国民の満足のいくようなものを提供すれば、赤字になるのが当然なのだろうと思う。いくつかの国で過去半世紀ばかり、うまくやってこれたのは、弱い子供は早く死亡し、老人が少なかったためなのだと思われる。つまり、組合健保のようなやり方なら保険は財政的に黒字になるが、乳幼児や老人を含めたら、赤字にならざるを得ないということなのである。

このようにみてくると、方法は二つしかないように思う。ひとつは、すべての保険をプールにし、一本化したうえで、不足分を国庫負担していくという方法、もうひとつは、乳幼児と老人をいまの保険から切り離して、別の保険をつくり、そのかわり、若い期間の保険は、組合健保と同じになるのでいっさい国庫負担をしないという方法である。これは少々極端かもしれないが、方向としては、この二つの方向しかないのではないかと思う。

いまのように保険がバラバラであるうえに、無料化といわれているのが、保険給付としての自己負担なしという格好では、財政的に行きづまるにちがいない。これに、一方では差額病床や、食事代などが自己負担として家計を圧迫し、しかもこれは高額療養費給付の対象にはならない。

こういったことを続けていると、結局はほんとうにレベルの高い医療は、「特別診察」以外では求められないというようなことになってしまうだろう。このさい、公費負担、保険負担、自己負担の三つの区分を明確にして、しかも、その論理を組み立てることが何よりも緊急課題なのだと思う。そうでないと、医療保険は崩壊の道を歩むことになるだろう。

提言——社会保険の一本化

日本の特徴——国庫負担多いが税金少ない

社会保障は結局のところ、財源としては、「税金」か「保険」か「自己負担」しかない。これはわかり切った話なのだが、はっきりと分かれているのではなく、保険に公費が導入されていたり、自己負担の在り方も絶えず変更されてややこしい。日本の社会保障は公費と保険の合作のような形になっている。イギリスやスウェーデンは公費すなわち税金が中心になっているのに反して、ドイツやフランスは形のうえでは保険が中心になっているが、日本のように年金や健康保険に公費は入っていない。日本の年金や保険は、イギリス・スウェーデン型とドイツ・フランス型の中間に位置しているといってもいい。

年金については、率直にいって、日本の年金は「過保護」といってもいい。さきにも触れたように年金は世代間で相互に負担するのが本来の在り方で、基礎年金に国庫負担をしている国は少ない。この点、日本は基礎年金に三分の一の国庫負担をしており、これだけの負担を国がすることができたのは、何といっても長年にわたり日本経済が右肩上がりをつづけたからに他ならないと思う。いまの日本経済でも年金に国庫負担を続けたり、ふやしたりするのなら、当然のこととして税金（おそらくは消費税）を上げないと辻褄が合わない。

スウェーデンは、日本やドイツ、フランスとちがって、年金や医療への国庫の支出が多い。そのスウェーデンでも一九九七年の六月から国庫負担をやめた。それでも消費税は実に二五％である。日本の消費税は、スウェーデンの五分の一の五％である。このまま維持すれば国の赤字はふえていく一方で、その赤字は後代負担となって、私たちの子孫に重くのしかかる。こういうことを放置しておいてはよかろうはずがない。

端的にいって日本の社会保障は先進国の中では国庫負担が多いのに、その割に税金が少ないといえよう。ドイツやフランスの場合、年金にも健康保険にも国庫補助は出ていない。こういう本質的な構造のちがいが日本にはある。どういう社会保障を構築しようと、その国の勝手だという意見もあるかもしれない。しかし、どこかアンバランスなところがあると、そこから破綻しないという保証はどこにもない。私が日本の社会保障全体に危惧を抱く理由はこのあたりにあるといえよう。

組合健保の危機と「突き抜け方式」

もうひとつ重大な問題点がある。それは「健康保険」である。健康保険にはそれぞれの国の歴史もあるので一概にはいえない点もあるが、多くの先進国の中で、日本のようにいくつにも健康保険が分かれている国はない。

いま、日本では組合健保が危機だと呼ばれている。一九九〇年に老人保険を全国民で持つということになり、按分率というむずかしい計算式で各保険から拠出されることになったが、その負担が大きすぎて組合健保は赤字の組合が続出、組合健保を解散して政府管掌健康保険（政管健保）に吸収させたのが十組合以上あると健保連（組合健康保険連合会）は主張している。

たしかにそういった面があることは事実である。しかし若干視点を変えてこの問題を見てみると、いくつかの問題点があるように思う。私がまず指摘したいことは、日本では組合健保が中心になりすぎている感がある。たとえば日本の健康保険がうまくいっているかどうかは組合健保の動向で決まってしまう。しかし、これはほんとうは片寄った見方だと思う。ほかに政管健保も、そしてもっとも条件の悪い国民健康保険（国保）もある。率直にいって組合健保がうまく運営できていても、日本の健康保険はうまくいっているというのは誤りである。

それというのも組合健保（共済組合も同じである）というのは、入社試験によって頭脳もよく心身とも健康だと判定された主として大企業の社員（従業員千人以上）が加入している保険である（共済組合も公務員だから同様の方法で採用している人たちの組合健保である）。だから、本来健康で定年までさしたる病気にならないだろうという前提で採用された健康集団である。それらの人の集団だから医療費も多くは必要でなく、組合健保が黒字だというのは当然の話だと私は思う。

組合健保に加入していた人たちは定年を迎えて退職すると、組合健保から出て国保に加入し、やがて老人保険の加入者となる。そこで旧老人保健審議会で、老人保険は各保険者からの拠出金によって運営することになり、按分率一〇〇％で拠出することに一九九〇年代の初めに決まって、今日まで老人保険は運営されてきた。

ところが、社会の高齢化が深刻になって、老人の数がふえ、さらに老人の寿命は伸びる一方で医療費が嵩《かさ》み、そのため組合健保の拠出金がふえ、前述のように健保連では危機的状況にあると声高に叫んでいる。健保連では、この二、三年に財政悪化が進んだとし、これを打開するためには新しい老人保険をつくって、組合健保の老人医療への拠出金を減らす以外に方法がないとして、新しい老人保険の方式として俗称「突き抜け方式」（別名、一気通貫方式ともいう）というのを提案して、医療保険福祉審議会に提案している。この突き抜け方式というのは同一の組合保険に二十年以上加入した人は定年後も死ぬまで組合健保に加入したままにして、その人たちの老人医療費も組合健保で持つ。そのかわり、老人保険への拠出金は出さないというものである。この案はちょっと見ると合理的のようにも見える。永年組合健保に加入していた人は、死ぬまで組合健保で面倒をみようというねらいである。

しかし、この案には問題点が内包されている。そのひとつは二十年間同一組合に加入していたというのは、かつての高度経済成長期時代の日本にはかなり多数いたと思われるが、現代のように産業構造の変革しつつあるときに同一企業に二十年以上勤務して定年を迎える人はどれぐらいいるだろう。おそらくはエリート・コースでトントン拍子で出世の階段を上っていく人は会社を変わらないかもしれないが、これからは、大学を出て企業に入社してそのまま定年まで会社を変わらない人は非常に珍しい部類に入るだろう。そういう人たちの一生を面倒みるといっても、数も少ないし、それをするから他の老人の面倒を見ないというのは、一種の〝エゴイズム〟ではないかと思うし、社会変動に対応した施策でないと思う。

もう一点は、次つぎに企業を変わった人は結局は定年退職後は国保に加入することになることである。これではいよいよ国保はどうにもならない状態になってしまう。組合健保は単年度赤字の組合が八割近くになったといって深刻な表情をしているが、国民健康保険の場合は組合健保とは質的にちがった差があり、問題となっている。

国保の危機はもっと深刻

国保と組合健保の財政を単年度で比較すると、年によって差もあるが、組合健保は三年ぐらい前まではずっと黒字であったのにたいして国保はずっと赤字基調である。こういう単純な比較ではなく、国保と組合健保・政管健保を比較すると、根本的に大きな差があり、非常に不公平である。その不公平な面を列挙してみると次のようなものがある（表3～6）。

国保の被保険者と組合健保や政管健保の被保険者を比べると、掛け金（保険税）もちがえば、給付内容もちがう。保険税は政管健保が標準報酬月額の一〇〇〇分の八五、組合健保は八四・六〇である。これに反して国保は算定基礎がちがうことと、市町村ごとに率がちがうので一概に比較できないが、同一収入額で比較すると国保が政管や組合健保の約二倍である。

表 3　各医療保険制度給付率格差

	法定給付率（平成10年度）				実効給付率（%）		
					平成8年度		平成9年9月〜10年3月
健保組合	本人			8割	91.3	85.6	80.0
	家族		入院	8割	79.1		
			外来	7割			
政管健保	本人			8割	90.3	84.5	78.3
	家族		入院	8割	76.0		
			外来	7割			
市町村国保	一般			7割	78.5	79.4	78.8
	退職者	本人		8割	82.2		
		家族	入院	8割			
			外来	7割			
医療保険制度全体					83.0		——
老人保健	定額負担				94.8		92.9

（注）実効給付率とは法定給付率に高額医療費分を加えた給付率（厚生省資料）。

給付内容の差はもっと大きい（表3）。組合健保、政管健保は外来診察時や入院時には八割給付で二割の自己負担だが、国保は七割給付で三割の自己負担がある。国保加入者は明らかに不利である（政管や組合健保は二年前までは自己負担は一割だった）。

負担の面では、被保険者一世帯当りの年間所得をみると（表4）、国保は一八六万円であるのに対し、政管健保は二三六万円、組合健保は三七九万円となり、国保は組合の約二分の一である。一方、保険料負担率（所得に対する自己負担保険料の比率）は、国保が八・二％であるのに対し、政管健保は六・一％、組合健

表4　所得と保険料率格差(平成8年度)

	市町村国保	政管健保	組合健保
1世帯当たり年間所得（推計値）	186万円	236万円程度	379万円程度
1世帯当たり保険料調定額	15.3万円	14.4万円(28.8万円)	15.3万円(34.7万円)
年間所得をもとに算出した保険料率	8.2%	6.1%(12.2%)	4.0%(9.2%)

(注)(1)国保は旧ただし書き方式による課税標準額、政管、組合は標準報酬をもとに賞与月数、給与所得控除等を見込んで旧ただし書き方式による課税標準額を推計。(2)カッコ内は本人負担分+事業主負担分（厚生省資料）

表5　制度別1人当たり医療費と老人加入率（平成8年度）

	市町村国保	政管健保	組合健保
1人当たり医療費(老人を含む)	33.5万円	17.8万円	13.6万円
老人加入率	22.9%	5.4%	2.9%

(注)老人加入率とは、加入者のうち老人保健医療対象者（70歳以上+65歳以上の寝たきり老人）の占める割合（厚生省資料)。

表6　国保（市町村）の職業構成の変化(%)

年度	農林水産業	自営業	被用者	無職	その他
昭和40	42.1	25.4	19.5	6.6	6.4
50	23.3	32.0	31.4	8.4	4.9
60	13.5	30.1	28.7	23.7	4.1
平成2	10.0	27.9	23.3	35.4	3.4
9	6.6	22.0	23.0	46.0	2.4
27	2.5	20.9	18.4	57.1	1.2

(注)平成27年度は見込み。厚生省資料。

保は四・〇％となり、国保は組合の約二倍の高率である。

さらに一人当り医療費をみると（表5）、国保は三三・五万円であるのに対し、政管は一七・八万円、組合は一三・六万円である（平成八年度、老人を含む）。その主な原因は、国保に高齢者が多いためである。

こうした矛盾を解決するためには、各種の保険を一元化して給付と負担の公平化が計られなければならない。本人と家族の自己負担の率がちがうのも、先進国では日本だけの現象である。そこで、一九八四年の健保法改正のさい、衆議院で付則として保険の一元化に向けて必要な処置をとるように決議されている。

この方向は正しいし、早急に実現すべきである。国会の付帯決議があってからもう十六年も経っているが、この間、一元化の具体化の動きはほとんどなかった。一九九九年の春になって、市長会、町村会、国保中央会らが、医療保健福祉審議会企画部会に保険の一元化案を提出した。ついで同年十二月には国保中央会に設けられた医療保険改革問題研究会が制度の一本化を実現するための報告書をまとめた。私は健康保険の一元化が必要という意見を一九六三年から主張しているが、やっと動きが出始めたというところである。

ただ、これを実現するためには、国保の財政基盤を強固にする必要がある。国保は現在三九〇七万人が加入し、国民全体の約三割に相当する。その保険者は三二四九の市町村で、市町村間には財政力に格差がある。加入者の平均年齢は五〇・四歳（組合健保は三三・四歳）で老人加入割合は二二・九％（組合健保は二・九％）にも達している。

また、国保には傷病手当金も出産手当金もない。組合健保の傷病手当金は月額の一〇分の六、一年半まで給付、出産手当金は日額の一〇分の六を産前四十二日間、産後五十六日間支給している（国保では出産手当金相当のものは、市町村で負担していることがある）。

もっとも大きな問題点は、国保加入者の収入が組合健保や政管の被保険者にくらべて極端に低いということである。国保は無職の世帯が四六・〇％もあり、二〇年後には六〇％近くになると推計されている（表6）。しかも、国保の場合、保険料を支払う水準に達していない人が約四分の一ぐらいいる。国は国保にたいして医療費の二分の一、保険税軽減分の二分の一を負担し、さらに市町村の一般会計から三千億円が補填されているが、それでもなお一五四三市町村の国保会計は赤字である。

もともと保険料を負担する能力のない加入者は、結局のところ国や県などで面倒を見ざるを得ないが、上手な形で、こういった人たちを救済し、そのうえで、保険の一元化の方向に進まねばならない。なにしろ国保の加入者は所得の低い人が多い。それというのも、もともと国保はスタート時には、農民や漁民の健康保険だった。それが産業構造の変革で、第一次産業従事者は激減した。そこで国保は本来の趣旨とはちがった形になりはじめたところへ、高齢社会になり、国保は老人の保険のようになった。さらに大企業や中小企業に勤めていたサラリーマンが定年を迎えて、その人たちが国保になだれ込み、いまや国保は「老人保険」のようになってしまった。保険を維持する経済的能力のない人たちが国保を維持しようとしても限度があるともいえよう。少し適当でないいい方かもしれないが、「金のない集団で保険を支えようとしている」ともいえよう。

市町村が「保険者」でよいか

国保でもうひとつ問題があるのは、国保の保険者が市町村であるということである。市町村は三千二百もあってピンからキリまである。東京のような財政力のあるところもあるが、人口千人以下のところもあって、自治体に財政力のないところも多い。市町村というような小さな単位が保険者になるのは無理だという意見も強い。数年前まではこんなことをいうと、全国知事会などは猛反対をしたが、できれば、県単位ぐらいで運営するほうがうまくいく。

かつては県当局は国保を厄介なものと思っていた。金は食うが、県民のほうは保険が完備しているのは当たり前と思い、選挙のときの票につながらない。その割に補助金は結構必要で、知事会は県が国保を引き受けることに強く反対してきた。しかし、強く反対していた知事も引退して、知事会全体のムードも変わりつつあり、若手の知事の間では国保は県が管理すべきだという意見が出始めていて、かなり雰囲気が変わりつつあると思う。

しかし、県単位で国保を運営しても、赤字基調であることには変わらない。金のない者ばかり集まって数が多くなっても事態は進展しない。やはり、必要なことは全国民を一本にした保険を確立することである。健康保険が日本のようバラバラに分かれて、いくつにもなっている国は少ない。

多くの国は国民健康保険一本である。

組合健保は日本人全体からみるとエリート・サラリーマンを中心にした健康保険で、本来、この組合健保が赤字になることは考えられないことなのである。健保連は「老人拠出金の按分率が一〇〇%だから組合健保は赤字になる。だから老人保険をなんとかすべきで、健保連としては〝突き抜け方式〟を提案している」という。健保連の立場に立てばそのとおりだろう。しかし、私はそう考えない。社会連帯責任のもとで、全国民を対象にした健康保険をつくることが必要だと思う。

それというのも、保険は社会連帯責任のうえに成立するものである。特定のグループだけでつくるものではない。所得が高いグループ、健康な人ばかりのグループといったもので保険をつくれば、わずかの掛け金ですんだり、ゆたかな保障をすることもできるだろう。しかし、それは民間保険には許されることがあっても、公的な保険では許されない。国民全部を対象にしたものでなければならない。

一部のグループはわずかな掛け金でゆたかな給付を受けるのに、別のグループは高額の掛け金で不十分な給付しか受けられないというのであれば、同じ日本人に生まれたのに不公平である。この前者が組合健保や政管健保で、後者が国民健康保険である。私はどうして昭和三十六年の国民皆保険のときに、被用者保険と国保を一本化してスタートしなかったのだろうかといまだに残念に思っている。

老人保険も健保と一本に

老人保険を現在の制度ように独立したものとするのではなく、健康保険と一本にしたほうがいいと私は思う。それというのも、国民の方からいえば、保険の掛け金は「取られる」という印象のほうが「支払う」という心理より強いと考えられ、なるべく一つにまとめたほうがいいのではないかと思うからである。

現在の区分でいう老人保険は、端的にいえば、国民健康保険よりまだ所得の低い、しかも病気になりやすい集団である。老人だけで「保険する」ことは不可能である。これは各保険者でカバーするか、国費を導入する以外、この保険の財政的辻褄が合わない。だから按分率一〇〇%ということで老人保険が存続しているのである。

現行の老人保険に対して組合健保や政管健保からの按分が高いので健保は存続できないというのが健保連の主張だからといって、按分率を極端に下げるというようなことをすれば老人保険は成り立たなくなる。

さりとて、健保連のいう「突き抜け方式」は健保連にとっては都合いいかもしれないが、シワ寄せはまた国保に来るということになる。また、だからといって、日本医師会が提案している「七十五歳以上の老人独立案」は公費の導入が多すぎて、とても実現しそうにない。

私はまず、医療保険を一本化することを提案したい。これにはいくつかのバリエーションがあると思う。要は健保と国保との平等をはかるのが原則であり、最低でも各保険間の財政プールをすべきである。仮に完全に国保一本という形ではなく組合健保や政管が別建ての形で残っても、財政プールが行なわれれば一本化に近づいたといえるだろう。

この新しい国民健康保険（仮称）は老人分も含めるので、当然のこととして、保険税率は上がることになろう。おそらく欧州のドイツ、フランスの疾病保険のように標準報酬の一割を越える料率になるかもしれない。きわめて重要だと思うことは、どういう形にせよ、日本の老人の医療費は国民全部で持たねばならないということなのである。その形は国家予算であろうが、あるいは健康保険組合が分担しようが、あるいは老人の自己負担がふえようが、形はともかく、国民が負担しなければならない。それは平等でないといけない。一部の人の負担が軽かったり、逆に重かったりしてはいけないわけである。そして国費を導入するというのは結局のところは、税金が上がるということなのである。

このあたりは国民も十分に理解しなければならないのはいうまでもない。日本人は増税への反発が強いが、元来、税金は平等であることが重要で、税率把握が「トー・ゴー・サン（一〇、五、三）」などといわれるために税金への反感が強いのだと思う。

なお、ここでとくに指摘しておきたいことがひとつある。

日本では医療費の点数は、すべて中医協（中央社会保険医療協議会）という審議会で決められている。二〇〇一年から審議会は原則として廃止されるが、この中医協などは存続することになっている。こういう機関がないと医療費のようなものは決まらないと思う。ただ、中医協は診療側、支払側、公益の三者構成になっている。私はこれをフランスやドイツのように公益を入れずに診療側と支払側の二者だけで決める方式にすべきだと思う。二者だと、座長を両側が一年交替で出すので、座長を取ったほうが一票少なくなる。しかも毎年三月三十一日午後十二時までに決まらないと前年どおりにするという取り決めにしているので、お互いに適当な譲歩をしてまとまるようになる。中医協は「現場」である。「学識者」が入ることによって、かえってややこしくなっているのではないかと思う。

介護保険はスタートしたが

介護保険はなぜ必要とされたのか

介護保険がスタートして、約百日が過ぎた。スタート直前には、いろいろの不安がいわれていたが、スタートしてみると「まあ、まあ」といった感じの反応のようである。厚生省も地方自治体を通じて苦情処理の窓口を設置したり、スタートの四月一日は土曜日だったが、関係者全員が出省するなど努力もした。これまでのところ、重大問題と思われるものは発生していないが、いろいろと寄せられている意見は多い。

そのなかのひとつに「以前は介護は福祉で行なわれていて無料だったのに、介護保険になって保険料（掛け金）が取られるだけでなく、なぜ介護料の一割を自己負担として徴収されるのか」といった趣旨の質問がある。

介護保険のプロといわれる厚生省の役人や審議会の委員、市町村の担当者といった人たちは、この種の質問にたいして「そんなことをいまいわれたってどうしようもない」という。しかし、私は、この質問は実は今回の介護保険の問題の本質を衝いていると思う。端的にいって、こういう質問が介護保険がスタート後に出てくるということは、行政当局が、介護保険について十分な説明をしていないということになるのではないかと思う。

全額国の負担による「福祉」から国民自身や事業主も負担する「保険」という形になぜ切り換えたのか。国は膨大な借金（約五〇〇兆円）を抱え、福祉にこれ以上の支出はできなくなっている。一方、介護を必要とする人は、一九九〇年初めには一九〇万人だったのが、二〇一五年には五二〇万人にふえることがわかった。実に二・七倍に増えるのである。このまま放置すると、二〇一〇年ごろには国は介護（福祉）の費用で財政破綻を起こし、貧乏人は介護を受けられないということになる。そこで保険方式を採り入れて、なんとか凌いでいこうというのが介護保険の本旨なのである。

どうしても国でやろうとするのなら、消費税を上げる以外に方法がない。読者の中には記憶が残っている人もあると思うが、数年前、当時の細川総理が、夜中に突然記者会見をして、当時五％だった消費税を七％にアップしないと福祉行政はできないと発表して、数時間後には取り消した〝事件〟があった。あれは、まさに「福祉」を当時の計算で国庫負担したらあの数字になるという話なのである。これは当時の大蔵官僚の入れ知恵だったが、税金を上げるのには反対が強く、このことから税金を上げて財源をつくることは、とても国民が納得しないということになった。

こうして生まれたのが介護保険なのである。これをもっと率直に国民に説明すべきであった。それを「介護保険さえできれば老人の介護はバラ色」といった説明をしたので、そのリアクションがきたということなのである。

介護保険の適用の問題

介護保険のスタート後、約百日を見てみると、介護保険が元々抱えている問題と、現実の介護の中での問題に大別できるように思う。なにしろ、介護保険は日本始まって以来、未経験に近い保険であり、世界でもドイツに次いで二番目のものである。最初からうまくいくということは奇蹟に近いので、政府や厚生省でも、法律の修正にはやぶさかではない。二〇〇五年には法律改正する予定で、それを前倒しして二〇〇三年には法律改正しようと考えている。

介護保険の本質的な問題としては、さきに説明した「なぜ介護保険なのか」という問題もあるが、現行の介護保険の適用を受けるのは六十五歳以上である。そして掛け金を払うのは四十歳からである。しかも、四十歳から六十四歳までは掛け金を払うが、介護が必要なだけでは適用を受けない。特定の病気以外では介護は受けられない。たとえばスキーで骨折しても介護は受けられない。こういうことでいいのかという問題がある。それと介護を必要とする人は実際にはゼロ歳からいる。いまの介護保険は老人介護保険である。

さらに、介護保険を独立させて運営するのがいいのか、健康保険と一体で行なうのがいいのかどうかの議論もある。この角度からの問題としてはこれから議論の対象になる「老人保険」と介護保険のドッキングも議論の対象となる。

さて、介護保険が導入されたことと、医療改革はどういう関係にあるのだろうか。端的にいえば、介護保険も医療保険改革の一部であることは間違いない。たとえば「社会的入院」といわれるものがある。病院ではもう治療をすることがないが、家庭に帰ってもらいたいと思っても帰るところがないためにそのまま入院している人がいる。これは、病院に入院していると一カ月数十万円近くもかかるが、老健施設や特養、療養型病床群などに転院すれば療養費は二分の一弱になる。これは明らかに節減であるし、施設の療養は介護保険で面倒をみることになるので、医療費減となる。こういう関係にはある。

介護保険で見える「市町村格差」

介護保険の内容の問題点としてまずあげられるのは、介護のマンパワーや施設、つまりゴールド・プランが十分だったかどうかの点である。市町村間の格差を不合理だとする意見もあるが、ある程度市町村間に格差があるのはやむを得ないことではないかと思う。歴代の市町村長の努力の結果が出ているという面もある。

多くの市町村長が、介護保険が誕生すれば国のほうで市町村の介護体制を整備してくれるものと思っていた。しかし、実際はそういうものではあるまい。この点に関しては、私は市町村長の多くが、本当に介護を（介護保険ではなく）市町村の仕事として受け止めているのかどうかということに疑問を持っている。

たとえば、現在の三二〇〇ある市町村間の介護や医療をめぐっての格差は大きい。早い話が、介護・保健・医療について、日本で最も完備しているといわれている広島県御調《みつぎ》町には、周知のようにあらゆる施設と人材がある。中核になるみつぎ総合病院（二次医療を十二分にこなしている）をはじめ、在宅介護支援センター、特別養護老人ホーム、老人保健施設、ケア・ハウス、訪問看護ステーション、市町村保健センター、リハビリテーション・センターなど、介護・保健・医療の「七つ道具」ともいうべきもののすべてが揃っている。しかし、こういう市町村は全国で他に例がないし、介護保険ができたからといって、全国の市町村にこういったものが整備されるわけではない。

本来の在り方からいって、こういった施設が全市町村に必要というものではない。せいぜい二次医療圏に一つずつあればいい。二次医療圏というのは、だいたい人口三〇万人ぐらいが単位である。各市町村間で競争するのはいいが、いくら競争しても限度がある。保健・医療・福祉について市町村間の格差が、これまでの市町村それぞれの努力および力の差によって生じているのは当然のことである。各市町村は、その格差をなくすためにこれから、努力しなければならないわけである。

一例をあげると、市町村保健センターである。この市町村保健センターは、介護を認可するかどうかを決めるケア・コーディネーションの場所でもある。しかし、全国に三二〇〇の市町村のうち市町村保健センターを持っているのは一二〇〇市町村しかない。類似の施設があるのが約八〇〇市町村で、両方たしても二〇〇〇市町村である。残りの一二〇〇市町村はこういった施設がないわけである。

介護保険実施前に、日本一の施設を持っている広島県御調町の管理者（前みつぎ病院長）の山口昇氏は「御調町の場合、介護保険が実施されても、今まで医療費や福祉で運営していたのが介護保険にと金の流れが変わるだけで、実態はまったく変わらない。市町村間の格差も、一挙に解決するということはあり得ない。今できている市町村間の格差は、見方をかえれば、これまでの各市町村の努力の差のようなものではないか」といっていた。まさに指摘のとおりであると思う。

むしろ、「地域保健法」の趣旨にあるように、いわゆる二次医療圏をひとつの単位とし、この範囲の中で、お互いに融通して医療資源を活用することができるかどうかが、課題である。そうしないと、市町村によってますます格差が激しくなる。

すでに現れている現象に「老人の民族大移動」といわれているのがある。前記のいろいろな施設があり、OT、PT、ヘルパー、保健婦などの多い市町村に住民票を移す人が出はじめている。先に紹介した広島県御調町などは町外から問い合わせが多く、役場内にそのための係を設置したが、たいへんな盛況で課に昇格しているぐらいである。これから全国的に出てくる傾向と思う。それとともに、医療・保健・福祉に熱心でない市町村長は選挙に落ちるという現象も目立つようになると思われる。

ケアコーディネイトへの批判

介護保険の内容の点で不満が大きいのはコンピュータによるケアコーディネイトへの批判である。とくに痴呆の場合、正確に反映していないという不満が大きいが、実際にやっているケア・コーディネイターのなかには、コンピュータによる仕組みが杜撰《ずさん》であるという批判が強い。これは再検討すべきだと私は思う。

また根本的な点としては、国の決めた価格設定では民間が利益が少ないという理由から参入を躊躇している傾向がある。しかし「これまではホームヘルプサービスが週一回だったのが介護保険で月六回になった」「高齢者自身が負担額と必要なサービスを考えて選ぶようになった」などと、新しい制度を評価する声もかなりある。これらの評価は市町村の熱意とも関係があるといえよう。

もう一点、ケアコーディネーションの結果「自立」という判定が出た人の扱いである。なかには現在、特養に入っていて、リハビリを受けている人もいる。この人たちは五年間は特養から出なくていいという経過措置になっているが、特養はウェイティング・リストも多い。これらの人たちは、おそらく、医師のところへ行くだろう。医師は診療拒否できないので診療するだろう。そうすると「社会的入院ならぬ社会的診療」になる。長野県茅野市では、「自立」と判定された人に、市内の温泉の入浴券を発行している。すぐれた対策と思う。

介護保険の今後の課題

先に述べたように、もともと国に予算がないので「福祉」でなく「保険」を選んでつくったわけで、介護保険によって、金のない老人も介護を受けられ体制を整備することが、介護保険の本義である。ここまで述べた問題も含めいくつかの問題点を、まとめるとざっと次のような点である。

①介護は老人介護だけでいいのか。ゼロ歳から介護を必要とする人は多い。四十歳から六十四歳の人は保険料を払っているのに、介護が特定の疾病しか受けられないのは不合理である。

②介護の判定にコンピュータを利用しているのははたして妥当なのか。

③療養型病床群、特別養護老人ホーム、老人保健施設は同じようなことをしているので一本化が望ましい。それと、介護の場合、あまりにも医療が関与しなすぎる問題を考えるべきだ。

④介護保険を独立した保険にするのがいいのか、健康保険と合体したほうがいいのか、検討すべきである。

⑤市町村間の介護の格差はある程度存在するのはやむを得ないが、介護の事業を市町村単位で行なうのは妥当か。地域保健法で規定されている人口三〇万人ぐらいを対象とした広域医療圏で行なうほうが効率的ではないか。

問題点はこれ以外にもいろいろとあるので、早急に検討のうえ法律改正に取り組むべきだと思う。

社会保障と医療の関わり

医療費は予測が難しい

「社会保障」というのは、いうまでもなく幅の広いものである。難病の対策といったものまで含まれるのではないかと思う。もちろん、児童手当といったものもそのなかに含まれるのはいうまでもない。

しかし、社会保障を大別すると①だれでも恩恵を受ける年金のようなものと、②健康保険のような病気にかからない人には関係ないが、病気になった場合の本人の負担を軽くするもの、という二つの分け方があると思う。この二つは、それぞれ次のような特徴がある。

年金は長期保険で、未来の支給額を比較的簡単に予測することができる。それに反して医療費は短期保険のようなもので、翌年の医療費の予測もむずかしい。したがって年金は一定の金額を考えると、その年金を何年間にわたって支給すると、トータルとしてどれだけの金額になるかは、十分に予測できる。だから別の見方をすると、年金はコントロールしやすいともいえる。これに反して医療費は非常に複雑なメカニズムになっている。たとえば、医療費には「自然増」といわれるものがある。これは、医療費というのは毎年、よくわからないが上がっていく。それを自然増と呼んでいるが、老人増、医学・医療機器の発達などが自然増の原因だとされている。

社会保障をリストラするという課題を考える場合、どうしても年金よりも医療費のほうに目がいく。これは年金は「いつでも計算できる」という安心感があるのに反して、医療費は毎年、いくら伸びるかわからない。それも年によって千差万別である。カゼが流行するだけで、医療費は変動する。あるいはCTのような新しい機器が導入されただけで、医療費がぐんとふえたりする。こういうことから、年金よりも医療費のほうがリストラの対象になりやすい。現在のところ、年金と医療費は多少の差があるにしても、ほぼ同額である。

医療費を下げるバリエーション

年金は給付を下げないと支給額を下げるわけにはいかない。他の方法としては支給開始年齢を下げると全体の額を下げることになる。これに反して医療費は複雑な仕組みになっているので、医療費を下げるバリエーションには結構いろいろの方法がある。

日本では「医師がふえると医療費がふえる」「病床数がふえると医療費がふえる」といわれてきた。それと日本では終戦後から「病院は患者をたくさん診て、できるだけ多くの検査をして、多種多様の投与をし、入院患者をできるだけ長く入院させることが、病院収入をあげる方法だ」と固く信じている人がいまだにいる。たしかに昭和五十年代までは、こういった方法が病院収入につながった時期もあったが、いまでは健康保険の点数も改定されて、この方法では医療費がふえない仕組みになっている。

いまの医療費構造では、患者の入院日数を短かくして、濃密な治療をしたほうが、病院の収入は上がる仕組みになっている。検査の数を多くしても、少なくとも同じ点数にするという「まるめ」といわれる方式を採用しているので、検査を多くしても原則として医療費収入は上がらなくなっている。

医療費のなかで、各国とも〝節減の焦点〟に持ってきているのは「薬剤費」である。ヨーロッパの各国では、いろいろな方法で薬剤費そのものを減らす努力をしている。日本でも後述するように「薬価差益」というものがあって、これが焦点となっている。日本は、国民医療費が年間二九兆円で、そのうち八兆円が薬剤費である。日本で識者といわれる人が問題にしているのは、この八兆円という金額が多すぎるのではないかということと、それにも増して問題となっているのは、日本には「薬価差益」という問題があるという点が指摘されている。

この点は、あとでくわしく章を設けて説明するが、簡単にいうと、日本では薬剤の価格（健康保険で支払われる値段）は薬価基準に登載されることになっていてこの価格は厚生省医療課で決められる。ところが、実際に流通している価格はこの薬価基準より下回っている（つまり値切られている）。この差益が薬価差益といわれ、かつては一兆三千億円あると国会で答弁されたこともあったが、現在は薬価基準を二分の一（十年間）に下げるなどして六〜七千億に縮まっているといわれている。この薬価差益は事実上は医師の収入になっている。

医師会側は「薬価差益は医師の潜在技術料だ」と主張してきて「薬価差益が悪いのなら医療の技術料を上げて、そのかわり薬価差益をなくしたらどうだ」と主張し、二〇〇〇年度の医療費ではその傾向が出ている。この薬価差というのは、医師が薬を投与すればするほど収入が上がる仕組みになっているという点からの批判も多い。

こういった薬剤をめぐる問題も決して少なくはない。これもリストラの対象になっているわけである。

年金を軸に社会保障を考える

二十一世紀の社会保障を考えた場合、国の経済力から考えて、現在のような充実した社会保障を行なうことは、まずむずかしいと考えるべきである。社会保障自体にリストラを加えざるを得ない。その場合、特定のテーマだけ費用を削ることは避けねばならない。もとより、全体として、どれぐらいの社会保障費を当てることができるかというのはきわめて重要な点である。私たちはとかく個々のテーマに目がいきやすい。しかし、社会保障全体として考えることが第一義的に重要である。

そこで私は、これまでの「流れ」とはちがった形を提示したわけである。つまり、老後、最低生活ができる金額を給付して、その年金から医療、介護、食費などを支出してもらう（別のいい方をすればまかなってもらう）という方式を考えた。これまでのように国民は年金は年金として生活費として充当し、残りは消費する。一方医療は医療として国や保険団体に完備を求める。二〇〇〇年四月までは介護は「福祉」として国の支出を仰いできたが、これからは自己負担も含む保険の形となった。

私がもっとも主張したいことは、年金を一定のレベル出すことによって、医療と介護もまかなうようにするということを、社会保障を考える新しい軸として提示することである。

「十万円年金構想」はまさにここから出発したわけである。高額の自己負担を必要とするような仕組みにすると、老人たちは十万円の年金からはとても支払えない。これは避けるべきで、その歯めとして、さきにも説明したように「高額療養費給付」は絶対に守らねばならない制度である。とくに老人にはいくつかの配慮をすべきであると私は考えている。

老人医療費の解決策はあるか

ところで、もうひとつむずかしい問題がある。それは、これまで財政的には豊かだとされてきた組合健保が、この二、三年赤字に転落するようになったことである。これは加入者の医療費増が原因なのではなく、各健康保険組合で負担している老人医療費分がふえたために赤字になったとみられている。

現在の「老人保険法」では、各健康保険で老人医療費を負担することになっている。この負担率のことを按分率と呼んでいるが、現在は按分率が一〇〇%となっており、これは、老人医療費のすべてを国保、組合健保、政管健保等で持っているわけである。これは各健保組合にとっては相当な負担になるので改善が求められている。

組合保健の連合会である健保連（健康保険組合連合会）では「二十年以上組合健保に加入していた人は定年退職後も組合健保で老人の面倒を全部みる」という提案している。これを「突き抜け方式」とか「一気通貫方式」とか呼んでいる。しかし、この方式は、きびしくいえば「組合健保エゴ」である。二十年に満たなかった人は国民健康保険に行き、老人保険の厄介になれと突き離す。これからの日本では二十年以上、一つの組合健保にいる（つまり職場を変わらない）人はむしろ例外になるのではないかと思うので、「組合エゴ」と呼ぶわけである。

一方、日本医師会は「七十五歳以上を老人保険として、これらの人の医療費は全部国が面倒をみる」という案である。この案の考え方自身は私は正しいと思うが、その金額は膨大なものとなって、おそらく国で全部は面倒を見切れないだろう。しかし、考え方は正しいし、これの形を変えたものを実現する必要があるのかもしれない。

老人医療を全額自己負担なしという考え方には私は賛成できない。老人といえども応分の自己負担はすべきだと思う。しばしばいうように「高額療養費給付」をするとして、一割負担が望ましいと私は思っている。そのうえで老人医療費の相当部分を国が持つという考え方は妥当なものかもしれない。

この考え方の中核部分には「老人」にたいする考え方の改革があるように私は思う。日本では六

図1　生涯医療費(1997年度推計)

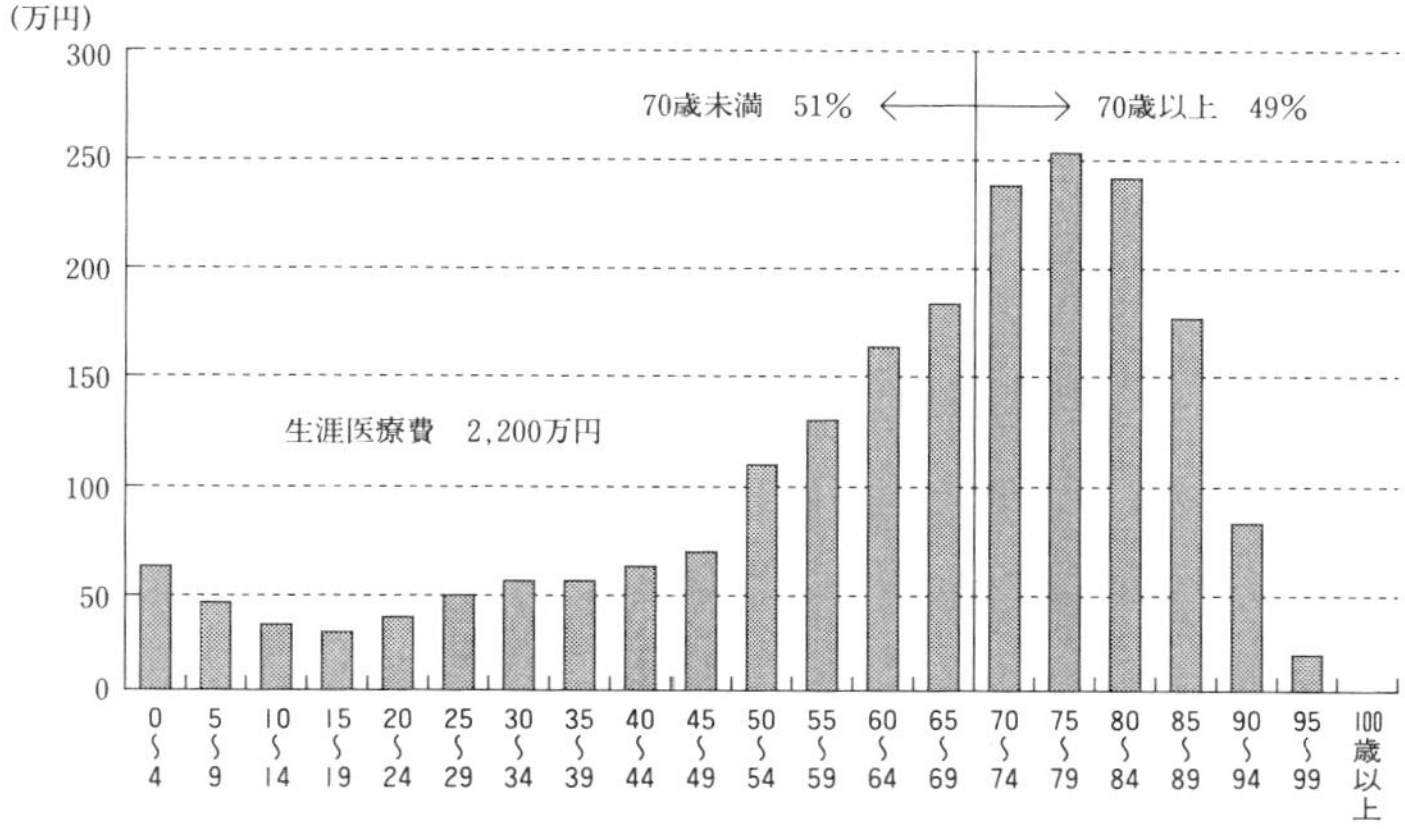

資料：厚生省保険局調査課推計による。
(注)　1997年度の年齢階級別1人当たり医療費をもとに、平成8年度簡易生命表による定常人口を適用して推計したものである。

十五歳以上を一率に老人と呼んでいるが、これはほとんど意味がない。

これにたいしてアメリカの老人にたいする考え方は傾聴に価するものがあると私は思う。アメリカでは六十歳から老人という。ただし、六十歳から七十五歳までを「ヤング・オールド」と呼んでいて、このヤング・オールドは、例外はあるが、それほど重病にならないし、もし仕事が舞い込むと、喜んでこなすだけの気力と体力があるとされている。七十五歳から九十歳までを「オールド・オールド」と呼んでいるが、この年齢になると、老人痴呆や脳卒中、心筋梗塞、骨粗しょう症などに襲われる人が増えてくる。この分類は私は正しいと思う。九十歳以上生きているのは明らかに立派だが、例外とみなすべきだと私は思う。この分類でいくと、いちばん医療費を必要とする老人は七十五歳以上で

（図1）、医療が必要でなければ介護を必要とするようになる。このあたりは老人の健康を考えた対応策が必要になるのではないかと思う。

かつて日本医師会長だった武見太郎さんは「人間は年をとるほど医療を必要とするが、二歳ごろから老人まではほとんど病気にならない。この元気な間に掛けた健康保険の掛け金を老後になってから使えるようにプールしておくべきである」と主張したことがある。この考え方は、年金では当然のこととして採用されている。この七十五歳以上の医療費が実際にどれぐらい必要かはよく調べてみる必要がある。案外、医療費と思われていたのが介護の費用かもわからない。たとえば、痴呆の場合、現在では医療よりはるかに介護のほうにウエイトがかかっていると思う。

こういうことをすべて考えたうえで、グランド・デザインするのが、二十一世紀の社会保障になるのだと思う。これらのすべては、一応部分的にはこの十年間に検討されてきたテーマだろうと思うが、全体として考えられていないところに、この問題のむずかしさがあるのだと思う。権威といわれる人たちを一カ所に集めても、それぞれの権威者は小さな部分での権威なのである。全体を描けるという人が少ない。とくに日本には少ないように思う。

健康寿命の延長をめざして

医療費が嵩む「香典医療」

これまで説明してきた私の提案で、もうひとつ重要な点がある。それは、二十一世紀の医療は、これまでとは本質的に転換しなければいけないということである。

これまでの医療というのは、医師が病院にいて、診断や治療を受けに来る病人を診るというのが根幹で、国民の健康については結核検診やガン検診のような特定の疾病についての対応を除いては、診療機関は、まるでマホメットのように、やって来る人だけを診療して事足れりとしてきた。

たしかに二十世紀に医学は長足の進歩を遂げた。死ぬ危険性のある患者を死から救うことには貢献した。しかし、病気はなおっても社会復帰できないというケースが意外に多い。それとともに、まず助かる見込みのない患者に薬剤の過剰投与をしたり、器械に支えられた生命といわれるようなケースが多く、ただ生かしておくだけでなおる見込みがないのに過度の治療をするというケースがかなりある。これは必要以上に医療費も嵩《かさ》み、〝香典医療〟と呼ばれる。

過去に一カ月のレセプトで一人の患者に五〇〇〇万円の請求が出たことがあった。これは極端な例で計算の仕方によって多少の違いもあるが、香典医療といわれるのは現在、総医療費の三％ぐらいを占めているのではないかという意見もある。これはほとんど無駄に近いものではないだろうかと思う。

さきにも触れたが、イギリスでは人工透析の患者は六十歳をすぎると、透析の費用は一切自己負担になる。ドイツも六十五歳以上の人工透析は健康保険の適用をしないということにしたという。これは少し極端な話と思うが、医療費を使うということにたいしては、かなりシビアな態度だということはできるだろう。

医療というのは、基本的には、社会復帰ができてこそ評価されるものであると思う。治療の結果、命は取り止めたが、寝たきりになったというのでは、医師も寝覚めが悪いが、本人も決して喜ばないだろう。公衆衛生学者の中には「健康寿命が延長されることこそ、医療の発展のバロメータである」と主張する人がいる。私はこの主張は正しいのではないかと思う。

たしかに日本人の平均寿命は現在のところ男女とも世界一である。このことは非常に慶賀すべきことだとは思うが、ほんとうは健康寿命が世界一であることが望ましいと思う。健康寿命の統計ははっきりとはしないが、健康寿命の長い国民こそ健康民族だと思う。

ここでいう健康寿命というのは痴呆でなくて一定のＡＤＬ（自己行動能力）があって、自力で日常生活を営むことができるということである。ちなみに、日本人の健康寿命は平均寿命より五〜十年短いと言われた。それだけ介護を必要とする人がいるとも考えられる。現在の老人が平均寿命だけ生きるとしたら、そのうち二人に一人は介護を必要とするようになるとされている。この二人に一人を少ないとみるか多いとみるかは、視点によってもちがうと思うが、国民の立場からみると、自力で生きるのと、介護を必要としながら生きていくのとでは雲泥の差である。私たちが長寿を喜ぶのは、自力で活動でき、自分でモノを考えることができてこそなのである。

〔注——世界保健機関（WHO）は二〇〇〇年六月四日、各国別の健康寿命を発表した。各国の健康寿命の設定の仕方に問題がないとはいえないが、ともかく日本は七四・五歳（男七一・九歳、女七七・二歳）で世界一だという。日本はぜひともこれを維持していかねばならない。〕

人生八十年時代の健康管理

この健康寿命については、実は国民の側にも責任の一半はある。たとえば、昭和十年代の恩給（公務員の共済年金）は、せいぜい三年ぐらいしか給付されていない。当時の定年は五十五歳だから五十八歳ぐらいで死亡とするとみなしたわけだ。これが「人生五十年」といわれる時代で、恩給をもらえるぐらい生きていたのは、「長生き」といえた。

しかし、いまはちがう。たいていの人が、定年（六十歳）後二十年ぐらい生きる。なかには三十年も生きる人がいる。そこで、少し考えなければならないのは、定年後三年で死んだ時代と、定年後二十年も三十年も生きる時代が同じような生き方（生活管理）をしていてもいいのだろうかという問題がある。

定年後三年しか生きられないのなら、現役時代には、酒は飲みたい放題飲み、タバコも吸いたいだけ吸い、不節制の限りをつくしても、どうせ三年しか生きられなかったのだからそれでもよかったともいえよう。しかし、定年後二十年も三十年も生きるのなら、自分のほうでも積極的に生活管理をして健康管理を延長するように努力をしなければならない。私たちはこの努力をしているのだろうか。

この点にすでに気づいている国もある。一九七八年ごろの話だが、フランスではアルコールのためにも医療費を使われすぎているという批判が起きたことがある。フランス保健省で調べてみると、当時、医療費の三〇%ぐらいはアルコールに起因しているとみられる疾病の治療や診断に使われていた。そこでフランス政府は、アルコールに起因する疾病については健康保険の適用から外すという方針を打ち出した。

しかし、これにたいして国民の間に猛烈な反発が起きた。なにしろフランス人は見方によっては「ワインを飲むために生きている生物」とも見られる民族である。「アルコールに起因する病気といってもその証拠はあるのか」とか「アルコールのメリットもある。ホメオパチーの論文を政府は読んでいるのか」とか「アルコール濃度の高いウイスキー、ウォッカといった蒸溜酒とワインのようにアルコール濃度の低い醸造酒を同列に論ずべきでない」といった反対論が噴出して、結局提案をやめたが、当の保健省にも酒飲みが多くて、大半の職員がやめるほうに加担したという。なかなか生活の慣習を改めるのはむずかしいことのようである。

イギリスのデータにこんなのがある。次にあげる七つの生活上の項目を全部守っている人とまったく守っていない人の寿命の差は十年であるという。その七つというのは、

①毎日七時間眠る、
②朝、昼、晩と時刻を正確に食事をする、
③朝食をきっちり食べる、
④タバコは吸わない、
⑤酒は飲んでもいつでもやめられる（もう一杯といわない）、
⑥標準体重にコントロールして太りすぎない、
⑦週に二回、適当な運動をしているか、さもなければ毎日四キロメートル歩く、

である。これらの項目は、見方によっては昔からいわれた平凡なことであるが、これを守るには努力がいる。その努力は政府や医師の問題というより、国民一人一人の問題である。

私たちは生活管理にたいする考え方を変える必要がある。この点についてはおそまきながら厚生省も「健康日本21」を発足させ、一九九九年八月中旬に中間報告として「タバコの量を半減し、酒は一日一合」を目標とすることを提案している。これはひとつの指針となる可能性を持っていて、一歩前進にちがいないが、私見をいわせてもらえば、生活習慣は、酒やタバコだけが問題なのではないと思う。人間の健康を支えているのは睡眠・運動・食事の三つである。これをうまくバランスをとって生活していくことこそが必要だと思う。たとえば、休養やストレスに関しての生活態度は

重要だと思うが、言及する人は少ない。

最近の新聞を見ていて、非常に気になるのは、自殺が多いということである。男子の自殺がふえたことによって戦後ずっと伸び続けてきた男子の平均寿命が下がったという。人間の寿命や健康の問題で、私がいつも残念に思うのは、自殺と交通事故である。この二つは、何とか食い止める方法があるように思うのだが、うまくいかないので死亡者数がふえていく。「そんなに簡単にはいかない」という意見があることはよくわかっているし、実際に交通事故死や自殺者の数を減らすのには総合的な対策が必要だと思う。これは、実は健康寿命の延長の問題に似ていて、「いうは易く、行なうは難い」ということかもしれない。

長野県が健康県であるわけ

ところで、ほんとうの意味で健康県というのが日本にもある。それは「長野県」である。長野県は、健康についていくつかの特徴がある。その第一は老人医療費が非常に安い。北海道の二分の一で、一人当たりにすると、全国平均より二十万円も安い。それでいて、長野県民の平均寿命は長い。男性が日本一、女性が第四位である（表7）。

私は一九九六年度の国民健康保険中央会の研究でこの問題の調査に当たったことがある。だれしも不思議に思うのは、長野県は「日本の屋根」のような寒冷地であり、公衆衛生では「寒冷地に長寿なし」と教えられてきたのに、なぜ長野は例外なのかということである。この解明は実はむずかしい。

長野県庁にいる医師の技官たちは、長野県民の長寿の原因について、長野県は海に面していない、多くの日本人がタンパク源として摂取した魚がほとんどない、そこで何でも食べたからだという。

たしかに、いまの老人たちが若いときには、鯉やヤギ乳はもちろん、カミキリ虫の幼虫、カイコのサナギ、イナゴ、ゲンゴロウの幼虫、はてはカラスのタタキまで食べた。こういった「なんでも食べる食生活」が長寿の原因だといわれると、そうかもしれないと思うが、この証拠は出てこない。もしも、データをはっきりさせるのなら、長野県に生まれた人を二つに分けて、片方は、カイコのサナギやカラスのタタキ、ゲンゴロウの幼虫などを食べさせ、もう一方は他府県の人たちが食べているような食

表7　長野県の特徴（直近の数字、厚生省調べ）

(1) 1人当たり老人医療費（平成9年）
全国47位＝592.371円（全国平均＝789.853円）

(2)平均寿命（平成7年）
男性：全国1位＝78.08歳（全国平均＝76.70歳）
女性：全国4位＝83.89歳（全国平均＝83.22歳）

(3)平均寿命の伸び（平成2～7年）
男性：全国28位＝0.64歳（全国平均＝0.66歳）
女性：全国26位＝1.18歳（全国平均＝1.15歳）

(4)高齢化率（平成9年）
全国9位＝20.1（全国平均＝15.7）

(5)後期高齢者（75歳以上）の割合（平成9年）
全国7位＝8.36（全国平均＝6.17）

(6)医師数（人口10万人対、平成8年）
全国38位＝165.5（全国平均＝191.4）

(7)保健婦数（人口10万人対、平成8年）
全国5位＝42.6（全国平均＝25.1）

(8)病床数（人口1万人対、平成8年）
全国37位＝131.5（全国平均＝151.8）

(9)特別養護老人ホーム（65歳以上人口1000人対、平成8年度）
全国28位＝1.3（全国平均＝1.3）

生活をさせて、これを七十〜八十年も続けなければならない。こんなことはできるわけがない。

ただ、一部の学者がいうように、清涼飲料水とハンバーガーを食べて大きくなった人は四十二歳ごろに死ぬという説がある。そうなるかどうかは知らないが、片寄った食生活はよくない。十分な栄養がとれていれば、粗食でもいいということはできるだろう。ただ、イナゴやゲンゴロウの幼虫はどれだけ食べるとタンパク質が何グラムになるかの研究はない。

それについて思い出される話がある。今から三十数年前の一九六〇年に私は日本新聞協会派遣の科学記者の一人として初めてアメリカに行った。そのとき、ロックフェラー研究所に生物学者のルネ・デュボス博士を訪ねた。その日がたまたま博士の誕生日だったこともあって、機嫌が好かった博士は、私たちに逆に質問した。「日本の結核死は急激に減っているが、その〝原因〟は何だと思いますか」といった。私たちは、口々に特効薬ストマイの開発や、結核対策（ツベルクリン反応やBCG）の効果を挙げた。するとデュボス博士は「多分あなた方はそういうと思ったが、それらはすべて〝原因〟ではない。たしかにストマイで個人の命を救ったケースはあるが、それは統計に現われるほどの数ではない。このほんとうの原因は日本人の食生活の改善ですよ。十分な栄養が結核菌を押さえたといってもいいでしょう。それが何よりの証拠にヨーロッパの先進国のドイツやフランスでは結核は約一〇〇年前に解決していますよ。そのころは、結核菌が発見されたかされないころで、もちろんストマイもBCGも何もありませんよ。」——私はなるほどと思ったと同時に大きなショックを受けた。

帰国してから、私はこの話を結核予防会の幹部に話した。みんな一様に怪訝な面持ちだった。なにしろ、当時の日本では、日本の結核対策が成功を収めたということに疑いを持った予防会の幹部はいなかった。この話ののち十年以上もたって予防会のSさんが私に「あなたが随分前にいっていたデュボス博士の話は、やっぱり正しかったようです。そういうデータが出てきました」といった。予防会としては認めたくなかった話のようである。

日本人の急激な寿命の延長のほんとうの理由は、医学や医療の発達のウェイトよりはるかに寄与しているのは食生活の改善ではないかと私は思う。戦時中と終戦直後を除いて私は比較的恵まれた食生活をしていたが、外国に行くたびに、日本との食生活の差を実感として強く受けた。これは非科学的ないい方かもしれないが、ロシアの小説の『戦争と平和』や『カラマーゾフの兄弟』などを読むと、その長さに圧倒される。これはまさに「食べもの」のしからしむるものではないかと思う。

ちょっと余談になったかもしれないが、たしかに長野の場合、食生活の影響は証拠はともかくとしてかなりあるのではないかと私は思う。これは、タンパク源のない地方に生まれた人々の先祖の生活の知恵であろう。長野県の場合、どの市町村に行っても山の見えないところはない。当然のこととして自動車のない時代にはよく歩いたことは想像に難くない。これが健康にいい影響を与えたということは考えられる。これに類する話としては、なにしろ長野県には「太陽と緑と空間」が多い。これが健康に悪かろうはずはない。

老人医療費が低いわけ

老人医療費が低い原因はいろいろと考えられる。ひとつは、長野県は男女とも長寿なのに、その割に百歳老人は少ない。百歳老人は全国で二十二番目で、そんなに数も多くない。ということは、そこそこに長く生きる人は多いがそれほどの長寿者はいないということになる。つまりＰＰＫ（ピン・ピン・コロリ）であるということで、別のいい方をすると長患《わずら》いする人は少ない。少し拡張解釈をすれば、さきにちょっと触れた末期医療に使われる金が少ないといえそうだ。

この話をいうと医師に叱られるが、長野県は他県にくらべて人口比にして医師数は少なく、日本中、どこでも人口比にして医師数の少ない県の医療費は少ない。これは当たり前のことでもあろう。ただ、長野県は医師のかかり方が他県とは若干ちがう。十年ぐらい前には長野県の一部では「医者にかかる」とはいわずに「医者を揚げる」といったという。芸者を揚げるというのと同じ意味に使っていた。医者に診てもらうのは、芸者と同じように値段が高いということと、「無駄だ」というニュアンスも多少あったのだろうと佐久病院の若月俊一先生は「解説」していたことがある。それと長野県では、かつて医師にかかるというのは死ぬ前に一生に一度診てもらうぐらいのものだった。

私たちが長野県を調査したときに非常に強い印象を受けたのは、長野県では中小病院で診療を受けたさい、その病院に空きベッドがあっても患者が在宅を希望すれば院長は決して入院をすすめないということだった。ここには、いい意味での医師と患者の人間関係が生きていた。

こういったことのすべてがうまく作用して長野県の老人医療費が日本一安いという結果になって

いるが、もしも、日本全国の老人医療費が長野県なみになるとすると、全国で二兆数千億円の節約になる。これは、いってみるだけで、実際にはむずかしいかもしれないけれども、医療費を節減する最高の施策は「病気にならない」ことであることはまちがいない。

しかし、国民がその気になり、国や診療機関がその気にならない限り、この施策はうまくいかない。せいぜいアルコールを控えてタバコをやめるようにという程度のアピールに終わってしまうだろう。私たちが医師のところに行くと、医師は①タバコは吸うな　②酒は飲みすぎるな　③食べすぎるな　④塩分をとりすぎるな　⑤運動せよ、との五つのことしかいわない。所詮は貝原益軒「養生訓」の焼きなおしにしかすぎない。本来、健康についてのアピールは、この域から出なければならない。

厚生省が力を入れている「健康21」は面白い試みだが、私はタバコとアルコールの域をどう出るかに関心を持っているし、ここで、栄養についての新しい試みなどが出てくることを大いに期待したいと思う。

明日の製薬企業を読む

医療にもリストラが必要である

二十一世紀の社会保障は、まず、年金を一番少ない人でも生活保護以上に支給する。これによって老後の安心を確立し、それとともに、介護や医療の保険料や療養費の一部負担は年金から支払うシステムを導入、同時に老人のための高額療養費給付制度を、できれば月額三万円程度にする。それによって老人が支払える範囲の負担とするが、その負担額は定額ではなく定率（一〇％）とする。

高額療養費給付制度というのは、見方を変えると、一種の償還制である。償還制というのは、いったん支払ったあとで、本人が請求して戻ってくるという制度である。そんな厄介なことをせずに、はじめから支払わなくてすむようにしたらどうだという意見もあるが、私は一度支払うことによって、自分のかかっている医療や介護の費用がどれぐらい（一割負担なら十倍すれば、それが介護費用や医療費になる）かがわかることのメリットは大きいと思う。高額療養費給付を三万円ぐらいに設定すれば、たいていの医療や介護の自己負担はできるものと思う。

だが、私は現行の医療の実態をそのままにして、年金制度を変えるだけで二十一世紀の社会保障がうまくいくとは考えていない。やはり、現行の医療にメスを入れて一種の〝リストラ〟をやらないわけにいかない。

日本の医療費はGDP対比でみると、世界でイギリスに次いで安い。それでいて平均寿命も乳児死亡率も世界一である。「だから日本の医療はいいのだ」と主張する人もいる。しかし、私はそうは思わない。日本の医療費はたしかに欧米各国にくらべて安いことは事実だが、ほんとうの意味で医療費が安いのではない。

年間二九兆円という国民医療費は、国際的にみてそう高いといえないのかもしれないが、その〝使い方〟に問題なしとしない。端的に言って日本の医療のなかには無駄があると私は思う。つまり、リストラをしなければならない部分がある。

「薬剤費は高いのか」

その第一に挙げられるのは「薬剤」である。これをいうと製薬会社や医師会は反対するかもしれないが、私はだれかがキッチリと指摘すべきだと思う。厚生省では、「国民医療費二九兆円のうち、薬剤費が八兆円もあるのは多い」とまずいう。しかし、このいい方は正しいのかどうかは若干疑問がある。もしも、これぐらい薬剤が必要なのなら、それはそれで正しいということになる。私はまず国民が疑問に思っていることに答えることからはじめなければならないと思う。

薬についての疑問のひとつは、病院などに行くと、持って帰れないぐらいの多剤、大量の薬を出されることがある。だれしも疑問に思うのは「これだけの薬を全部飲んでも健康に影響はないのか」ということである。

私自身も、こんなに投与して大丈夫なのかと痛感していたので、数年前だが、内科の高名な教授七人に「これだけの薬剤を投与していて健康に影響はないか」と質問してみたことがある。

すると、七人の教授のうち五人は「日本の医師は賢いから、副作用の強い薬はあまり処方していませんよ。端的にいえばビタミンのような薬を多く出しているので、〝無害・無利益〟のものを多く出しているのでしょう」という答えだった。残りの二人の教授は「あなた自身、処方された薬の全部を飲んでいますか。薬にはそういう面もあるのですよ」といった。

しかし「いま処方されているのが適正量です」と答えた先生はいなかった。私が聞いた教授も、お互いの医師仲間への配慮もあってこういう答え方をしたのかもしれないが、七人とも心の中では「少し多いのではないか」と思っているようだった。

医師がより多くの薬を投与するのは、いろいろの原因がある。そのひとつは、日本では健康保険で支払われる薬は「薬価基準登載薬品」といって国が健保での適用を認可した薬に限られる。この種類は一万五千種類もある。この薬価、つまり薬の値段は厚生省で決められる。ところが、薬は病院や診療機関で買いたたかれ、薬価基準と実勢価格の間に〝利ザヤ〟が生じる。この利ザヤを薬価差益と呼んでいるが、かつて十年ぐらい前に、これが一兆三千億円あると厚生省保険局長が答弁したことがある。この薬価差益は、診療側の収入になる。ここから薬をたくさん投与したほうが利潤はふえるということになり、これが大量投与につながったとされている（現在は六〜七千億円ぐらいだといわれている）。

もう一面は、日本では歴史的に医学は漢方だった。漢方というのは投薬即治療ということであり、日本人自体も薬好きの国民であった。薬を処方しないと「あの先生は薬も出さない」というような側面もある。

ところで、この薬価差益をめぐる議論は昔からある。日本医師会は武見太郎会長の時代から、この薬価差益は「（医師の）潜在技術料」だと主張しているのに反して支払側はこれは不当利益のようなものだといっている。したがって医師会は薬価差益をなくすのなら技術料に振り替えよと主張している。

薬価差益の全額が技術料かどうかはともかくとして、たしかに日本の技術料は欧米に比して安いのは事実である。このさい、医師の技術料を点数で評価して薬価差益をなくす方向にすることが必要だと思う。私が思うことは、薬価差益をゼロに近づけることによって、薬の処方は正しい姿になるだろうと思われる。投薬しても利益が上がらないということになれば、投薬量は減るものと見られる。それが投薬の正しい姿だと思う。

そこで、このさい、日本のくすりの問題をかなり、きっちりと説明したいと思う。製薬企業もリストラの時代を迎えているのは事実で、大所高所から眺めてみよう。

人気の高い外資系製薬企業

近頃、外資系製薬企業の人事担当者に会うとニコニコ顔の人が多い。近頃というか、ここ二、三年の傾向のように私は思う。それというのも、薬科大学の卒業生で優秀な卒業生が外資系製薬企業を希望して入社してくるようになったからである。外資系製薬企業は大正時代からあったわけだが、そう言っては悪いが、戦後もなかなか優秀といわれる薬系の男子の卒業生はほとんど志願しなかった。

ただ女性の方は、製薬企業に限らず外資系の会社へ優秀な人が多く志願した。一般の企業が「男尊女卑」であったのに反して外資系は、男女平等の扱いをしてくれるという印象もあった。

ところが、ここ三年ぐらい、薬系の大学を卒業した新卒で、外資系に入社する人が増えてきた。これは、いままでになかった現象である。外資系企業では非常に喜んでいる。どこの製薬企業も人材を広く求めているのは言うまでもない。これまでは、外資系はあまり見向きもせず、人材は、日本企業に向かっていた。

薬科大学の新卒で外資系製薬企業に一九九八年に入社したAさん(二二)になぜ、外資系製薬企業を選択したのかをきいてみた。「ひとくちでいえば〝寄らば大樹の影〟ということになるでしょうか」と言って次のように説明した。

「薬科大学からは製薬企業に入るか、大学や研究所に行くか、開局薬剤師になるしかない。大学に残ったり、国の研究所に行くより、製薬企業の方が面白そうだ。開局薬剤師や病院の薬剤師は性に合わないと思った。

ところが、日本の製薬メーカーはあまりにも規模が小さい。日本でいちばん大きい武田薬品でも、世界のメーカーの中では一五位(M＆Aのため現在は二十位)である。バイエルの二分の一の規模である。武田の三倍の資本力がないと、国際的には活躍できない。日本の製薬企業も、これから合併が行なわれ、資本力も大きくなるだろうが、まだ、その動きは出ていない。

それに反して外資系製薬企業は、いま大型合併が花盛りである。考えられないような大合併がどんどん実現している。日本は明らかに遅れている。日本が大型合併に乗り出すのはあと数年後だろう。その間の遅れは当分取り返せそうにない。それなら、いま外資系製薬企業に入った方が、十分に活躍できる期間が長いのではないか。若いときに働いて技術を身につけておかないと役に立たない。いま働きがいがあるのは、外資系製薬企業ではないか」。

なかなか見識のある見解だし、私はこの考え方は正しいと思う。このAさんが、外資系製薬企業に一生いるとは思えないが、とにかく実力をつける場として国内企業より、外資系企業の方が力がつくだろう。それに外資系の本社で勉強するチャンスもあるかもしれない。おそらく、これからは終身雇用はなくなるだろう。問題はどこで実力をつけるかにあるといえよう。

ひとくちに外資系製薬企業と言ってもいろいろとあることも事実である。もう一人の新入社員の

Oさん(三)は、Aさんとはやや違う見方を説明していた。

Oさんは、製薬企業はどこの国の製薬企業であるかによって非常に違うと言う。たとえば、アメリカの製薬企業は、自社製品の販売の半分はアメリカで、他は外国だと言う。これに反してスイスに本社のある会社は、自社製品の一〇%くらいしかスイスで売れない。ドイツの製薬企業は約二〇%くらいがドイツで売れる。北欧では五%くらいだと言う。これらの国にくらべて日本は製品のほとんどが日本で売れるという特別な国で、日本の製品は外国で売れないだけでなく、認可もおりていない。とても国際競争力がない。だから、自分は外資系製薬企業で力をつけたいと思うと言っていた。

私の経験では、日本の社会をいちばん的確に見ているのは新卒生の就職先や、高校生の進路決定だと思う。たとえば、医学部の入学は、この数年、大分やさしくなっている。これは医師が増えて、過剰時代を迎えはじめているのを高校生が感知しているわけである。この薬科大学の新卒生が徐々に外資系製薬企業に行く傾向が一〇年も続いたら、若手の力の差のようなもので製薬企業に差がつくだろう。

もっとも、日本の製薬企業でも気の利いた経営者のいる会社では、ヨーロッパやアメリカに研究所をつくり、そこで現地の外国人研究者を採用し、その人たちの研究や論文をＦＤＡ（食品医薬品局）に出して、新薬の認可を取る作戦に出ている。

国際競争力のないメーカーはつぶれる

一九九八年に入ってからの傾向ではないかと思うが、日本の大手製薬メーカーの幹部と話していると、必ずといっていいぐらい「国際競争力」の問題に触れる。そして最後には「ところで日本の製薬メーカーの将来はどうなるとあなたは思うか」と質問を投げかけてくる。

私自身は数年前から国際競争力がない限り、製薬会社は二十一世紀には成立しないのではないかと考えていた。だから少し遅いかもしれないが、日本の製薬企業がこの点に気づいたのは結構なことだと思う。しかし、今から考えて二十一世紀に間に合うのかどうかという点については、若干危惧している。

この問題について、一部の製薬メーカーの幹部は数年前から気にしていた。とても日本の製薬企業の規模では、国際的に活躍できないのではないかと憂慮する製薬企業の幹部もいた。しかし、バブルの崩壊後でさえ、日本の製薬企業は年率一三〜一四％の成長を続けた。「何も無理をして国際競争力を考えなくても、当分は日本の製薬メーカーと医療機関の〝合作〟である、いわゆる〝新薬シフト方式〟で行けるではないか」。日本国内の〝新薬〟で利益を出す方が楽だということで、日本の製薬メーカーも積極的に国際競争力の問題を余り考えようとはしてこなかった。

しかし、今や製薬会社の幹部が国際競争力の問題を視野に入れざるを得なくなったのは、主として二つの理由がある。第一は社会保障のリストラ策である。当初は製薬会社も厚生省がこれほど厳しい態度で望むとは考えていなかったようだが、さきにも触れたが、なにしろ高齢化のピークと考えられる二〇二五年には、社会保障費の合計は二三〇兆円（うち医療費九〇兆円、年金一〇九兆円、福祉三一兆円となっている）にもなるので、どうしても薬剤費への切り込みは避けられなくなった。平成十年度予算編成では薬剤費の一割カットが打ち出された。なにしろ、日本の医療費二九兆円のうち八兆円が薬剤費である。

第二に、日本の製薬企業が批判されていることのひとつに、日本で新薬と称するものの四分の三が欧米では新薬としての販売許可が取れていないという点である。

これには厄介な問題もある。たとえば、アメリカのFDAでは、日本のデータを信用していないというようなことがある。だから、日本企業のY社、E社ではアメリカやヨーロッパに自社の研究所を設置し、その研究所員には外国人を採用し、その外国人のまとめた薬の治療を研究所のあるそれぞれの国の薬務局に提出するという作戦を展開している。その国は、主としてアメリカ、ドイツ、スイスである。

国際競争力というのは、一見他人事のように見えるが、本当は冷徹な資本主義だと思う。一九九五年以降に行なわれた製薬会社のM&Aをみても、ものすごい大規模の合併がある。たとえば、一九九六年に行なわれたスイスのチバガイギーとサンドが合併したのは対等合併だが、株式時価総額でも八〇〇億スイスフランである。一九九五年に行なわれたグラクソとウェルカムの合併は一四二億ドルだし、一九九七年に行なわれたロシュとベーリンガーマンハイムの合併は一一〇億ドルにものぼっている。

こういった大型合併が国際的には、ごく普通に行なわれている。このことも日本の製薬メーカーの幹部に大きな刺激を与えている。本来の在り方からいえば、日本の製薬メーカー間の合併がもっとあってもいいのだが、目下のところは一部の卸の間での合併は実現したが、あとはＢＡＳＦと北陸製薬（一九九六年）、ベーリンガー・インゲルハイムとエスエス製薬（一九九六年）が合併したぐらいである。

ところで、日本の製薬企業の幹部は、私に「結局は二〇一〇年に日本の製薬企業で残るのは五社ぐらいだろう」という。それも、現存するどのメーカーが残るというのではなく、いくつもの合併を経由して最終的に残るのが五社だというわけである。

ちなみに、日本でもっとも大きい製薬メーカーは武田薬品だが、現在、国際競争力のある製薬メーカーはその武田の二〜三倍の規模が必要とされている。具体的にいえば、もし武田がバイエルと合併すれば、ほぼその規模になる。そこで、どんどん大型合併が行なわれているのである（現在の武田は世界で二〇位という）。

どうしてこれだけの規模を必要とするのかというのは見方はいろいろあるが、これからの製薬メーカーは常時、何百億円からの売り上げを持つ製品を三〜四品目ぐらい持っていなければならない。こういう製品をひとつ開発するには、十年の年月と二〇〇〜三〇〇億円の投下資本が必要である。しかも世界で一流の製薬メーカーとなるためには、常時売り上げの二〇％を研究開発費に投入しなければならない。

一九九四年に合併したファルマシア&アップジョン社は一九九四年の合計売り上げ高七〇億ドル、社員三万四〇〇〇人、研究開発費年一一億ドルである。しかし、それでも世界九位なのである。日本の製薬メーカーはこれからどう対応するのだろうか。

M&Aに積極的な会社と消極的な会社

いったんは破談になったけれども、二〇〇一年に英国の製薬メーカー大手二社であるグラクソ・ウェルカムとスミスクライン・ビーチャムが合併する話は、世界中の製薬企業に大きな衝撃を与えた。

製薬業界では、企業合併をM&Aと呼んでいるが、このグラクソとスミスクラインの合併は、合併が実現した暁には、世界市場の約一〇%を占める大製薬会社が誕生することになる。それだけ大型化するとスケール・メリットが生まれる。販路も広がる。研究開発の効率化と補完ができる。全社的な合理化もできる。企業は合併によってより多くの研究開発費を投資することができ、それによって、いい製品を開発する可能性が高まるというわけである。多くの製薬会社の幹部は、このように考える人が多いのではないかとみられていることも事実で、だからこそ、各社とも合併には熱心である。

この数年の世界のM&Aをみても、すさまじいものがある。表8に一九九〇年以降の世界の製薬会社の合併を例示したが、冒頭に紹介したグラクソ・ウェルカムは、すでに一九九五年に合併した

表8　製薬会社の主なM&A（金額順）

会　社　名	年	取引金額（百万ドル）
国外		
サンド／チバガイギー（ノバルティス）	1996	対等合併※
グラクソ・ウェルカム	1995	14,240
ブリストルマイヤーズ・スクイブ	1989	12,208
ロシュ／ベーリンガーマンハイム	1997	11,000
AHP／サイアナミド	1994	9,984
ビーチャム／スミスクライン	1989	9,973
ヘキスト／マリオンメレルダウ	1995	7,100
ファルマシア・アップジョン	1995	6,316
ダウケミカル／マリオン	1989	6,045
ロシュ／シンテックス	1994	5,300
ローヌプーラン・ローラー	1990	3,784
ロシュ／ジェネンテック	1990	3,423
ローヌプーラン・ローラー／ファイソンズ	1995	1,832
BASF・ブーツ	1994	1,350
バイエル／スターリング	1994	1,000
国内		
BASF・北陸製薬	1996	340
ベーリンガー・インゲルハイム／エスエス製薬	1996	76

※株式時価総額800億スイスフラン

会社で、いわば合併に次ぐ合併を狙っていたともみられる。このようにM&Aは世界の流れのように見えるが、必ずしもそういう意見だけではない。

合併によって利益を求めようとする経営者は、自社の将来について、現在の研究開発の成果だけでは今後の成長が望めないという予測が前提にあるので、合併に目が向くともいえるという見方もある。

自社の研究開発力に自信があって、今のやり方でも今後十分成長が望めると考えている製薬メーカーはあまり合併を考えない。アメリカのメルク、イーライ・リリー、ファイザーなどが合併をあまり考えていないメーカーである。M&Aに対して世界の製薬企業は積極派と消極派の二つがあるといってもいいだろう。

そのなかで消極派のメーカーの幹部が例に出して説明するのは「世界の製薬企業の上位十社が世界市場に占めるシェアは約三〇%で五年間変わっていない。その間、グラクソ・ウェルカムやノバルティス、ロシュなどが大型合併しているので、上位十社のシェアが拡大するはずなのにそれほど伸びていないというのは、合併のメリットが五年間では現われないという見方もできるのではないか」とも言われている。

製薬会社ではないが、企業や銀行の合併によるメリットが出るのは十数年後だと言われている。新日本製鉄も第一勧銀も大型合併だったが、メリットが出たのは十数年後だった。合併に伴うゴタゴタや労働問題、合併した企業同士の幹部の権力争奪戦といったものもあるとみられる。

合併をどう見るかは別として、結局、製薬企業の場合、自社の製品開発力がどれくらいあるかが企業にとっての生命線である。自社に開発力があれば、必ずしも合併する必要がないともいえる。ただ、むずかしいのは、研究費を捻出するのは、企業が大きいほどやりやすい。ただ、開発費を投下すれば、必ずいい成果が得られるというわけのものではない。ひとつの新薬を開発するには十数年の期間と巨額の資本を投下しなければならないし、新薬をめざして研究した五〇〇〇の物質から承認されるのはひとつ、つまり五〇〇〇分の一の確率なのである。

表9　世界の医薬品企業ランキング

順位	会社名	国籍	医薬品売上高（百万ドル）	総売上高（百万ドル）	医薬品比率	総利益	研究開発費（百万ドル）
1	グラクソウェルカム	英	13,026.6	13,026.6	100.0		1,813.2
2	メルク	米	11,617.3	19,828.7	58.6	5,540.8	1,487.3
3	ノベルティス	スイス	9,857.6	29,314.7	33.6	4,677.2	2,957.9
4	ブリストルマイヤーズスクイブ	米	8,702.0	15,065.0	57.8	4,013.0	1,276.0
5	ヘキストマリオンルセル	ドイツ	8,652.3	33,843.0	25.6	2,666.8	2,578.4
6	ロシュ	スイス	8,462.8	12,917.5	65.5	2,767.0	1,705.5
7	ファイザー	米	8,188.0	11,306.0	72.4	2,804.0	1,465.2
8	アメリカンホームプロダクツ	米	7,924.0	14,088.3	56.2	2,755.5	1,100.0
9	スミスクラインビーチャム	英	7,430.8	12,376.9	60.0	2,555.0	1,193.2
10	ジョンソン&ジョンソン	米	7,188.0	21,620.0	33.2	4,033.0	1,905.0
11	ファルマシア&アップジョン	米	6,515.8	7,176.0	90.8	677.0	1,266.0
12	リリー	米	6,415.0	7,346.6	87.3		1,189.5
13	アストラ	スウェーデン	5,723.9	5,813.9	98.5	1,822.6	1,052.3
14	ローヌ・プーランローラー	米	5,420.6	5,420.6	100.0		882.1
15	武田薬品	日本	5,201.8	7,711.4	67.5	1,014.4	659.6
16	シェリング・プラウ	ドイツ	5,049.2	5,655.8	89.3	1,646.1	722.8
17	バイエル	ドイツ	4,783.4	32,302.0	14.8		2,397.7
18	三共	日本	4,101.0	5,484.8	74.8	1,079.7	497.4
19	ベーリンガーインゲルハイム	ドイツ	3,962.7	4,708.3	84.2	432.6	814.1
20	アボット	米	3,628.0	11,013.5	35.7	2,617.1	1,204.8
21	ゼネカ	英	3,802.9	8,375.7	45.4	1,628.9	940.2
22	シェリングAQ	ドイツ	3,503.5	3,503.5	100.0		630.6
23	サノフィ	フランス	3,411.8	4,622.2	73.8	669.9	635.9
24	山之内製薬	日本	3,305.7	4,180.5	79.1	952.4	388.9
25	メルクKGaA	ドイツ	2,595.7	4,620.5	56.2	550.9	437.9
26	ワーナーランバート	米	2,505.0	7,231.4	34.6	1,176.7	555.0
27	アクゾノベル	オランダ	2,344.4	13,310.8	17.6	1,204.8	674.5
28	BASF	ドイツ	2,302.0	32,422.2	7.1		386.8
29	藤沢薬品	日本	2,251.2	2,601.1	86.5	200.2	376.5
30	エーザイ	日本	2,236.5	2,588.4	86.4	402.2	352.6

Sorip's 1997 Pharmacautical Company League Tableより作成
注）研究開発費には、医薬品以外のものに対するものも入っている。

しかもテーマはどんどん先に進む。十年前は分子生物学だったが、今は遺伝子レベルで、二〇一〇年には今の薬学の研究はほとんど役に立たなくなるだろうと言われている。

このように見てくると、少数精鋭主義の行き方もひとつの方法かもしれないが、この行き方は、かなりむずかしい。うまくいくかどうかわからない。そこで世界中のベンチャーの製薬メーカーは、あるところまで研究すると、その技術を会社ごと売るのが多い。そういう行き方が、別の意味で製薬メーカーをサポートしていくようになるのかもしれない。

いずれにしても最も必要なのは研究開発力だけれども、そのためには国が十分な基礎研究をするという土台が必要である。これが日本の場合、十分ではない。日本の製薬企業は表9にあるように立派なメーカーも多いが、なかなか大変とも言える。

バイアグラの認可で外圧強まる

「バイアグラ」は、一九九八年四月にアメリカで認可されて以来、世界中の話題になった。短期間で、これだけの処方箋が発行された薬ははじめてだというくらい売れている。

バイアグラは「魔法の薬」と呼ばれているぐらい、インポテンツの人に効果を示す。その作用機序もユニークだが、多くの人たちは単なる「回春剤」として歓迎している。ところが、この「世界の薬」にもアキレス腱があり、かなり強烈な副作用がある。ニトログリセリンのような降圧剤を飲んでいる人がバイアグラを服用すると、死ぬことが多い。アメリカでは治療段階を含めると、すでに数十人が死亡している。

日本でもこのバイアグラを闇ルートで入手して、副作用で死んだという人が九八年七月にすでに出ていた。この日本人は、糖尿病で、心臓血管系も悪く、ニトログリセリンを服用していたという。インポテンツになっている人は、原則的に、糖尿病や血管障害などを抱えている人が多い。だから、バイアグラを必要とする人は、実はバイアグラを飲むと死ぬ危険性の高い人が多いという、一種の

「矛盾」があるのが、厄介な点である。

おそらく、この「副作用」のないバイアグラの開発をめぐって、これから各社がシノギを削ることになるだろう。すでに同種のものが二〜三社で開発されているともいわれている。

バイアグラは、こういったリアクションである副作用を抱えながらも世界中を闊歩しはじめている。ところが、日本には、ちょっと予期しなかった現象が起きた。周知のように日本ではアメリカで認可された時点ではバイアグラは発売認可になっていなかった。しかし、「バイアグラ・ツアー」とかインターネットなどで購入することができたし、一部の週刊誌は、その斡旋に近いこともやって問題になった。バイアグラは、アメリカでは医師の処方箋を必要とする。しかし、バイアグラ・ツアーやインターネットで購入するのは、処方箋なしで買っているのと大差がない。しかも日本の法律ではこれを取り締まることはできない。つまり、日本で認可されていない薬を手に入れた場合の法的な規制が何もできないのである。

こうした状態は非常に危険であり、今回はバイアグラが問題になったが、たとえばガンの薬でほんとうに効くのがアメリカに現われたとすると、日本人は、それを求めてハワイに買いに行くにちがいない。このことは薬の世界が国際化したということに他ならない。

これまでのように「日本で薬が認可されるためには、日本人を対象とした治験データを提示し、それを薬事審議会で認めない限り、認可しない」などと悠長なことをしていたのでは、いわゆる「被害者」はどんどんふえてしまう。そうでなくても、日本は薬の審査に時間がかかる。日本では申請から認可までに三年ぐらいかかる。これが国際的にも不評を買っている。スウェーデンでは平均一年位で審査を完了している。

こういう事情からバイアグラはアメリカでのデータで、日本でも認可した（一九九九年三月）。バイアグラによる副作用の被害を少しでも食い止めることができたわけである。バイアグラを機に外国の薬の認可が早まるようになるとすると、それはそれで、大きな〝収穫〟だともいえる。日本の薬品市場の国際化を進めることになり、真の意味で国際力を問うことになるだろう。

日本はこれまで外国の製薬会社の薬品を日本で認可する場合、日本人を使った治験のデータに基づいたレポートがないと審査しなかった。つまり、外国人の治験データでは認可しなかった。しかし、いい薬の認可は国際的に加速されている。しかし、例外的にバイアグラを認可した。

今後は「なぜバイアグラだけが認可になるのか」という「外圧」がかかり、以後、外国人の治験データでも日本の薬事審議会で審査し、認可するようになると思われる。もともと日本は、薬価基準搭載薬品だけでも一万五〇〇〇種類も認可されているが、日本で使用されている薬剤の三分の二は、日本以外の国では認可されていない。このほか、残念なことに欧米の各国の中には、日本人の研究者の行なった臨床テスト（治験）を頭から信用していないところもある。なにしろいまの日本の製薬企業で真の意味で国際競争力のあるのは、ほんの二、三社なのである。

日本は、何事によらず、自分で解決することが少ないが、薬の場合も改革の必要性を認めている人は多いがさまざまの事情で改革されない。これも「外圧」によって改革されそうである。

また、現在の日本の薬をめぐる問題は多い。医療費の中にしめる薬剤費のウエイトが高いとか、多剤・大量投与ではないかとか、薬禍をめぐる事件が多すぎるとかいったことが指摘されている。しかし、国も業界も改革しようとはしていない。けれども、「外圧」によって、日本の製薬市場に革命的な変革が起きて、一挙に外資系製薬企業が躍り出るということになるのではないかという見方もある。

競争社会の生き残りを賭けて

すべてが競争社会になるのが二十一世紀だといわれている。おそらくこれは正しい見方だと思う。すでにこの「競争社会の世紀」に日本でも数年来突入してもがいているのは周知のとおりである。他の分野のことは別として製薬企業の場合、何が最も重要なのだろうか。まず第一に「開発力」であり、熾烈な製薬企業で生き残るためには、この開発力がないとどうにもならない。開発には金がかかるため、資本力がない製薬企業は生き残れないという方向に議論が引っ張られていく。この傾向は、アメリカでとくに強いように私は思う。たしかに資本力が大切なのはいうまでもないが、企業が持っている研究者の質がモノをいうことを忘れてはならない。欧米の一流製薬企業をみると、優秀だといわれているところは、例外なく研究者を優遇しているように思う。

大学での研究は、研究者が研究そのものに大きな興味を持ち、ときには「悪魔に魂を売り渡してでも研究したい」というような学問的興味というものがあるから、少しぐらい待遇が悪くても研究を続け、うまくいくとノーベル賞の候補になったりする。しかし、製薬会社での研究は、単なる学問的興味だけでは成り立たない。実際に新薬を開発しなければならない。それだけに大学の研究室よりずっと苦労が多い。単に「薬の開発を自分は好きだから」というだけでは研究者生活は続かない。研究所の雰囲気がピッタリ合っているとか、尊敬する先輩がいるとか、何か「この会社のために働こう」と思わせるものが必要だと思う。

欧米の製薬企業を見ると、技術者でオーナーになっている人は少ない。経営学を勉強した「実践的経済学者」のような人が多い。大型のM&Aを進めて、大資本を擁する大企業にした人が多い。それはそれなりのメリットもおおいにあると思うが、資本金がふえた分だけ、開発力もふえると考えるのは早計ではないかと思う。すべて「ハーバード・ビジネス・スクール」の全盛というわけにはいかず、そうしたオーナーであっても新薬開発の研究者の養成にも意を用いるべきだと思う。そうしないと優秀な製薬企業の研究者は各メーカーからスカウトの対象になってしまう。研究者というのはプロ野球やプロサッカーのプレーヤーではないので、スカウトしても、直ちに役立つというわけにはいかない。そのスカウトされた企業や研究所に馴れてからでないと実力が発揮されない。

アメリカでもノーベル賞を受賞した研究者をスカウトしても、もう一度、同レベルの研究をすることはないといわれている。あるいは研究というものはそういうもので、どこの研究所にいっても自由自在に研究業績をあげられるものではないのかもしれない。

MRの育成の重要性

研究者とともに企業が大切にしなければならないのはMR（メディカル・レプレゼンタティヴ）である。ひとむかし前の日本のプロパーといわれた時代の人たちのことをいっているのではない。当時は、本来医者が自分でやらねばならない資料の整理やコピー取り、はては教室の宴会の世話、図書の購入などをやっていた。しかし、MRというのは、医師と対等に薬学や薬理学の議論ができるだけの能力を持った薬剤師であるべきである（医師や生物学者であってもいい）。決して自社製品の販売員ではない。いまだに日本の製薬メーカーや卸の外回りを企業側は自社製品の販売員と思っている社もあるが、こういう製薬会社は早晩没落するにちがいない。

MRというのは相当なレベルの高い知識の持ち主でなければならない。日本では医師四人に一人MRがいるが、スウェーデンでは医師七十五人に一人しかいない。これはエリートである。社会的地位も高い。スウェーデンでは大学のどの学部でも社会人になった人が休職して再び「学生」になることが多いが、製薬会社でも薬剤師がMRになるため、休職して薬系の大学院に行く人も多い。いずれにしてもMRのステイタスは高いし、だれでも簡単になれるものでない。

日本のプロパーのように、文学部出身が三分の一もいることは外資系の製薬企業では考えられない現象である。

二十一世紀に入ると、日本でも、外資と国内の製薬メーカーが火花を散らす戦いを展開すると思う。そのさい、資本力や開発力とともに重要なのはMRの力である。国内市場はおそらくMRの戦いになるだろう。

きっちりとした優秀なＭＲを多く抱えている企業が医師の信用を博し、結果としてその会社の製品が売れるようになる時代になると思われる。これまで日本では、外資系のメーカーのＭＲは少なかったが、これからはＭＲの増員に拍車がかかるだろう。製品広告の競争でなく、ＭＲ個人の技術や知識の戦争になるだろう。外資と国内メーカーの争いのカギを握るのはこのＭＲである。

提言——薬代償還制の導入

スウェーデン医薬安全局に学ぶこと

「スウェーデンのＦＤＡ」といわれ、ヨーロッパで最高の医薬安全局を一九九八年夏に訪問した。スウェーデンという国は、比較的薬禍といわれる薬害事件が少ない。それは人口が八五〇万人強しかいないので、薬の被害者も少ないのだという意見もあるかもしれないが、少なくとも、日本のように次から次へと薬害が起きるということはない。

医薬安全局を訪ねて、まず、なるほどと思ったのは、スウェーデンの医薬安全局は首都のストックホルム市にはなく、ストックホルムから車で約一時間離れたウプサラ市にある。日本でいう厚生省はすべてストックホルムにあるが、医薬安全局だけはウプサラにある。ウプサラは、日本でいうと京都のような古都で、ウプサラ大学をはじめ、製薬会社、研究機関も多い。きいてみると「薬の研究者や研究機関が多いので便利だ」という理由だったが、静かな街で、研究とのからみの多い行政をするには、本省と離れているほうがやりやすいということもあるのだろう。

ウプサラ自体は古都で京都に似ているが、距離や学園都市といった感覚からいうと茨城県筑波市に似ているともいえよう。ともかく訪ねてみると、医薬安全局は非常に独立した機関であるという印象が強い。

ここには二三〇人の職員がいる。その内訳は事務員が五〇〜六〇人、薬剤師が一一〇人、そのうち二〇人が生物薬剤師で医師は三七人となっている。医師、薬剤師の四〇%は博士号を持っている。

私がもっとも感心したのは、ディレクターのトーマス・レーグレン氏が「ここでは外部の医学者、薬学者で編成した審議会はあるが、その審議会の結論に従うのではなく、すべての責任は役所で持つし、決定も役所がするのであって、審議会には参考意見を出してもらうだけである」といったことである。

この姿勢は非常に重要だと思う。日本の旧厚生省薬務局も、HIV事件のとき、このスウェーデンのように役所で責任を持って決めることにしていたら、あのように安倍教授のいうがままにはならなかったと思う。おそらく厚生省が全責任を持つというルールになっていたならば、ミドリ十字を応援したり、アメリカの危険な血液製剤を使わなかったと思う。まさに審議会行政の悪い面が出たのがHIV事件だったのだと私は思っている。

もうひとつ、ディレクターの話の中で興味を持ったのは「役所の委員になっている人は、製薬会社の治験はやってはいけない。もし治験をやれば、直ちに委員をやめてもらう。この五年間にそういう学者が一人いたので、委員をやめてもらった」といっていたことである。

私は、これまで日本の厚生省に「薬事審議会の委員をするか、製薬会社の治験をやるかどちらかにすべきで、両方やっている委員が結構いるが、ルール違反だ」と何回もいった。そのたびに厚生省は「それはスジ論だが、実際にあなたのいうように実行したら、審議会の委員になる人はなくなってしまう。審議会委員の手当てが安いからだ」と答えてきた。

仄聞するところによると、スウェーデンの審議会委員の謝礼は日本と同様に安い。それでも、それに意義を感じて、製薬メーカーの治験を断わって、審議会委員をしている学者もいるという。日本の審議会の委員より権限の少ないスウェーデンの審議会委員をやろうという「前向きの学者」がいるというのは、スウェーデン社会の健全性を証明しているのかもしれない。

このほか、副作用のレポート制度も徹底して行なっている。これは、近年、日本でもかなり積極的にやっているが、薬剤の場合、認可してからの医師からの副作用報告はきわめて重要である。それと、医薬品委員会への広報、つまり医師からの効果と副作用の報告を各方面に徹底させることである。これがスウェーデンの薬害を防いでいるという。

一九九八年のバイアグラ（ファイザー社）の日本でのスピード認可によって、外資系の薬品の日本での認可は、いままでよりもスピードが上がるものとみられる。しかし、それは、日本での認可のスピードがおそいために諸外国から批判されているわけだが、スウェーデンの場合は、EUに加盟して以来、医薬安全局もEUの一部に組み込まれている。医薬品の検査は各国の検査機構が関与するが、ロンドンにあるEMEAが中核になっている。医薬品の承認でどの国を選ぶかは各国に任されているが、スウェーデンへの依頼件数は圧倒的に多い。それだけ信用があるのだとスウェーデン側ではいっている。

スウェーデンで新しい薬の承認のための検査をする場合、各製薬会社から出された五〇〇～六〇〇ページの書類審査をするが、ときには医薬安全局にある五つのラボラトリーで、実際に検査することがある。承認するまでの時間は平均して十二～十三ヵ月だが、これまで一番早かったのは二三三日であったという。

薬価基準制度の〝見直し〟の挫折

二十一世紀の日本の社会保障をどう構築するかというのは、もっとも重大な問題のひとつであるのはいうまでもない。ところが、日本の経済状態がよくないために、国民に負担増を求めると景気に悪影響を与えるということで、この二年ぐらいは、医療の改革はストップしたままである。

いくら日本の景気がよくないからといって、社会保障をこのまま何のリストラもせずに放置すると、この国の赤字はふえる一方で、結果としてこれは後代負担になってしまう。いくら経済の先行きの見通しがないからといっても、何もしないで放置するわけにはいかない。しかし、自民党のこの問題に対する態度は硬直化していて、一向に先に進む気配がない。しかし、こうして何の対策も立てないうちに社会保障財政は悪化の一途をたどっている。

厚生省もこのまま事態を放置するわけにはいかないということで、厚生大臣の諮問機関である医療保健福祉審議会の制度企画部会が一九九九年一月七日の審議会で「薬価制度について従来の薬価基準制度を廃止して、効き目などが同じ医薬品のグループごとに保険適用額の上限を設けて、それを超える額は患者が負担する」というドイツの参照価格制度に近い方式を導入するように厚生大臣に意見書を出した。厚生省はこの線に沿って法律改正を国会に提案しようとしたが、日本医師会が反対、自民党内にも賛成が少なく、日の目を見そうにない。(実際は厚生省はあきらめている)

厚生省は一九九八年の暮れにも大きなショックを受けた。というのは、日本医師会と自民党の政調会長が話をして、薬剤費の一部負担制度のうち、七十歳以上の高齢者の負担が一九九九年七月から免除されることになった。この薬剤費の一部負担制度は薬の使いすぎを防ぎ、医療費を抑えるねらいで一九九七年に導入、薬の種類数に応じ、内服薬なら三十~百円、外用薬なら五十~百五十円を窓口で支払うもの。サラリーマン本人の窓口での自己負担が一割から二割にふえたときでもあり、このため受診を手控える傾向も出て、医療機関の収益悪化などを背景に医師会が自民党に強く要求し、一九九八年八月に「早急に再検討する」との覚え書きを交わし、十二月に一部負担を免除することで合意した。

これは年間で三千五百億円程度の医療費増になるものとみられるが、金額以上に厚生省を刺激したのは「関係団体や医師会が自民党が取り引きすれば何でもできる」という恐怖である。小選挙区制になり、圧力団体や市町村長の自民党への力が強くなったことは事実であり、一方官僚の力は汚職などにより低下しつつある。これらをトータルして官僚たちはショックを受けただけでなく、自分たちの実力の低下を思い知らされたわけである。

ところで、日本の現在の医療費はさきにも説明したように年間二九兆円、そのうち薬剤費は約八兆円である。薬剤の総医療費に占める率は約二七・五％で、先進国中でも特に高いとされている。その原因としてあげられているのは、日本では薬価基準という制度があり、国が薬の価格を決め、医師が薬を投与したさいには、その価格で健康保険で支払われる。ところが、そのさい、実際に取り引きされる額（実勢価格）と国の決めた薬価基準の間には〝利ザヤ〟があり、このため、医師は薬を多種・大量に投与したほうが収入がふえる。これを「薬価差益」というが、この金額は数年前には一兆三千億円あると厚生省の当時の保険局長が答弁したことがある（現在は多少改善されて六〜七千億円）。

日本だけでなく、ヨーロッパの各国でも、医療費の節減の話がでると、薬が槍玉に挙がる。しかし、日本の場合、これは医師の死活問題であり、医師会では伝統的に「薬価差益は医師の潜在技術料である」と主張してきた。

この問題は、厚生省対医師会という図式だけでは私は解決しないのではないかと思う。たとえば、日本での薬の投与量は妥当か、健康に被害を与えていないかといった根本的な点の検討をすべきではないかと思う。日本の薬の問題は山積している。さきの薬価基準でも、厚生省はこの十年間に二分の一に下げた。しかし、健康保険の薬剤費は下がっていないどころか上がっている。これは、新薬のさいには薬価が高く設定される（開発費のカウントなどで）ので、診療側は新薬にシフトするという手を使う。この問題は例は悪いが、税法改正と脱税のイタチゴッコに似ている。

厚生省と医師会の確執の変化

二十一世紀のもっともむずかしい問題のひとつに「二十一世紀の社会保障をどうするのか」という問題がある。なにしろ、現在の日本では経済の右肩上がりは望み得ない。しかし、社会保障はこれからも続けなければならない。日本経済に奇蹟が起こって経済成長が起きない限り、社会保障にリストラを加えないわけにはいかない。ところが、このリストラがこの二〜三年まったく行なわれる気配さえなくなった。この理由は少し複雑だと思う。

社会保障のリストラというのは、国民にとっても関係者にとっても、決して好ましいことではない。とくに医師や製薬業界にとっては歓迎できるものではない。いきおい、それに抵抗しようとするし、国民もリストラによる負担増は嬉しいものではない。景気の足を引っ張るものはすべてご法度である。相つぐ景気対策のなかで、社会保障のリストラは埋没してしまっている（ほんとうはこれらのすべては後代負担になって、子や孫の負担になるのは自明の理である）。

このため、老人は優遇され、医師の薬価差益は温存され、製薬会社はその恩恵をこうむるという図式になっている。これがいつまで続くのかはわからないが、改革されるという雰囲気が少しも感じられない。このようなことが続いているのは次のような点があると思う。

ひとつは、これまで国民や関係者にとってつらい改革は、厚生省が音頭をとって改革案をつくり、自民党に働きかけて、実現させてきた。それが大蔵省や厚生省の官僚の不祥事により、世間の役人の評価が落ち「小さい政府」を主張する人が多くなり、かつての官僚の力がなくなってきた。これまでの医療の世界では、厚生省と日本医師会は終始敵対関係にあった。厚生省と武見太郎の確執もそのひとつだった。しかし、厚生省もそれなりの勉強と努力を続けてきた。武見太郎が亡くなり、一時この関係はやや厚生省に有利に展開した時期もあったが、ここ三〜四年は日本医師会に有利に展開している。それというのが、相対的に厚生省の力が落ちたことと、もうひとつは社会的な情勢が日本医師会に有利になってきたからである。

小選挙区制の採用によって、自民党は市町村長や圧力団体に弱くなった。市町村長や有力な圧力団体（たとえば日本医師会など）は、その組織から単独で出馬させても当選させるだけの力がなくても、一人の候補者を落とすだけの力があるというわけである。これは政党にとって恐怖である。なにしろ小選挙区制というのはトップでない限り意味はないわけである。中選挙区のように、ひとつの選挙区で三人も四人も当選するのとはわけがちがうのである。このため、日本医師会の力は相対的に強くなったということができる。

それもあって、日本医師会は厚生省との面倒な交渉をするより、自民党と折衝するほうが楽だというように考えるようになったといえよう。それがさきに説明した日本医師会と自民党政調会長が話をして薬剤費の一部負担制度のうち、七十歳以上の高齢者の負担が一九九九年七月から免除されることになったことに象徴されていると思う。

日本医師会が自民党と「直取引」をするようになったのは、こうした情勢のほかに、医師会と厚生省との人間関係のゆがみのようなものもあって、これも医師会と自民党の接近に拍車を加えたということもできるだろう。この医師会と厚生省の間の人間関係のずれというのは、もっとも医師会との関係の深い局長が二年間の在任中に一度も医師会と会っていないという考えられないような事態や、技官の担当局長とうまくいかず、一説によれば厚生省の中枢部に担当局長の更迭を求めたというウワサもある。

そして、昨年までの厚生省は、どうしても日本医師会と話をしなければならないときには、事務次官が直接、日医会長と話をしていたという。これは異常である。この厚生省と日医の関係は、前代未聞のことである。武見太郎日医会長のときには、ときに「出入り差し止め」ということがあったが、これもせいぜい二〜三ヵ月のものだった。

二年間にわたって担当局長が日医会長と一度も会わなかったのは異例中の異例だが、私の見た目には、非は厚生省にあると思う。というのは、厚生省の担当局長は日医と話をするのが仕事なのである。これを放棄するのは、考えられないことである。

薬をめぐる国民健康調査から

では、薬剤をめぐる問題の解決法はあるのか。

まず、これまでのように厚生省対日本医師会プラス製薬企業という図式ではうまくいかないのではないかと思う。薬剤費を減らそうと厚生省や支払側がいうのにたいして、医師会や製薬団体は薬だけを問題視して、結果として国民に負担増を求めるのは酷だという「大義名分」を立てて反対する。いま行なわれている薬のリストラと称せられるのは、この域を出ていない。私はこういう考え方を根本的に変えて考えないと問題はいつまでたっても平行線になると思う。

私が提案したいことの第一は、八兆円もの薬を国民は飲んでいて健康への影響があるのかないのかをまず調べることから始めてほしい。

もちろん、処方された薬の全部が飲まれることはないだろう。病気がなおって飲まなくなる薬、飲み忘れだってあるだろう。だから、人間としてどの範囲なら薬の許容量なのかということと、処方されても結果として飲まない薬がどの程度あるのかといったことも調べてみて、そのうえで、日本の八兆円の薬剤を考えてみることがまず必要だと思う。

この調査は、できるだけ関係者を排除して、しかも専門的にわかる人の委員会をつくって検討すべきである。客観性と公平性を確保できるメンバーでなくてはならない。この調査の結果の予断はできないが、おそらく欧米の先進国にくらべて投薬量全体は日本のほうが多いという結果が出るものと思われる。

ただ、この投薬によって健康を害するかどうかの結論はそう簡単に出ないと思う。大量に投与していても「無害無利益」のような薬剤を投与していた場合には副作用のようなものは出ないからである。

この調査からは、確定的なことはいえないにしても、大体、疾病にたいして絶対必要な薬剤の実態のようなものはわかるのではないだろうか。たとえば、WHOは「薬は全部で二七〇種類あれば十分だ」といっている（エッセンシャル・ドラッグと呼んでいる）。もちろん、WHOのいうのは銘柄別ではなく、成分別であるのはいうまでもないが、それにしても、日本の薬価基準登載薬品が一万五〇〇〇種類もあるのは、それが妥当なのかどうかも考えてみるべきである。

日本で私が問題だと思うのは、この薬価基準登載薬品になっている薬剤のうち外国でも認可になっている薬は三分の一以下しかないという点である。すべての薬剤がインター・ナショナルでなければならないとまではいえないにしても、日本はそれほど特徴のない薬剤が〝新薬〟として認定されているといえないことはない。

本来の薬の在り方からいえば、欧米のアメリカ、イギリス、スウェーデン、スイス、ドイツ、フランスといった国で認可を取った薬は日本では自動的に認可が出るといった仕組みであるべきだと思う。しかし、日本の厚生省は「日本人を治験対象にしたデータがないと認可しない」という原則を長い間主張してきた。このこと自体、それほど根拠があるものと思えないが、今回「バイアグラ」（アメリカ・ファイザー製）によって、この原則が破られた。これからは変わっていくとみられることは、さきにも指摘した。

薬価基準は廃止すべき

私見をいわせてもらえば、私は日本の薬のように、薬価基準で値段の決まったものをダンピングするのはおかしいのではないかと思う。このダンピングというのは常態で、だから薬価差が生まれるのである。もしも薬価差がけしからんというのなら薬価基準という制度を廃止すべきだと私は思う。薬価基準を廃止すれば、薬の価格は自由主義経済の規則によって決められていくだろう。

もうひとつ、私が不思議に思うのは、現在まで、日本の製薬会社はどこのメーカーでも、薬価基準からのダンピングをしている。ところが外資系はダンピングをしない。私などの見方では「外資系のほうが筋を通して薬価基準を守っている」と考えたいのだが、厚生省の幹部の意見によると「外資はガメツイ」という人が多い。

これは不思議である。薬価基準というのは国の決めた価格である。これを守るほうがガメツくて、ダンピングするほうがいいというのはどうも解せない。このことは少し勘ぐりかもしれないが、ダンピングするという前提で薬価基準を決めているのではないかと疑いたくもなる。

私がいちばんいいたいことは、薬務行政の基本は、人類にプラスになるいい薬剤を開発する会社を伸ばし、どうでもいい、いい加減なパテント逃がれしか〝開発〟しない会社は淘汰されても致し方がないということである。いま、世界中の外資の間でものすごいM&Aが繰り返されている。M&Aが額面どおりの効果が上がるかどうかは予断を許さないが、どのメーカーにとっても国際的な開発力を確保するためには、製薬企業としての規模を拡大する必要があるという認識のもとにやっているわけである。

薬の値段というのは、いい薬は少しぐらい高くてもいいのではないか。それは、国が決めることではなくて、市場が決めることである。それには、まず必要なことは「薬価基準」を廃止することである。

提案——償還制の導入

薬剤の問題を解決する方法は私はあると思う。この案が日の目を見るかどうかはわからない。おそらく収入源になると考えられる製薬業界や医師会は反対するだろう。しかし、私はこの案以外に解決する方法があるとしたら、さきに説明した外資系製薬企業が日本を席捲して市場のイニシアティヴを取る方法だが、こちらの方も大変だと思う。

さて、この案はどういうものか。簡単にいうと「償還制」の導入である。償還制というのは日本では聞き馴れない言葉だと思うので、ちょっと説明しよう。

私たちが診療機関に行った場合は、薬剤はすべて健康保険で支払われるので診療機関の窓口では一部負担は現金で支払うが、薬剤の一部負担は「一日一剤百円」といったものしか支払われない。

しかし、償還制を採用すると、窓口で薬代はいったん全部現金（またはカード等）で支払う。すると、診療側は薬代の受け取りと、渡した薬の内容をくわしく書いた領収書を渡す。私たちは、この領収書を所属している健保（組合健保、政管健保、国保など）に提出して薬代を償還してもらう。この償還をするさい、疾病によって必ず必要な薬、まったく必要でない薬、多少必要とみられる薬等に分類し、償還率も多少ちがう。現在、フランスはこの償還制を採用しているが、フランスの場合は、償還率は四つに分けられていて、一〇〇%、六〇%、四〇%、〇%の四種類に分けられている。処方した薬が全部償還されることはきわめて珍しい。

この償還制を採用すると、診療側が処方箋を出す場合、できるだけ一〇〇%償還される薬だけを処方しようとする。これが無駄な薬の投薬を防ぐ効果がある。この方式（償還制）を採用するさいには、これまで存在していた薬価基準を廃止すればいい。というのも、薬価基準は厚生省が決定するが、これは明らかに統制経済である。やはり現代という時代を考えると、できるだけ自由価格制で推移すべきである。自由価格制にすると価格が高くなると危惧する人もいるが、実際はそういうものではない。

高い価格をつければ買う人が少なくなるわけで、自ら「常識」が作用する。そしていい薬が投与されるようになり、投薬の在り方がリーズナブルになると思われる。薬価基準を廃止すれば、薬価差益は生まれない。そうなると大量投与しても診療側はプラスにならないわけである。ただ、購入してもらうとリベートを出すとかサンプルをつけるといったことが横行するかもしれないが、これは、現行法ですでに禁止されているので、やる製薬会社は多分あるまい。

価格というのは自由経済に任したほうが、いい線に落ち着くとされている。これは品物だけでなく技術の評価でも同様である。フランスの場合、薬の償還制だけでなく、医師の技術料にも自由経済を導入している。これは一九七〇年ごろから行なっているが、全仏の一九%の医師（医師はフランス医師会が認定する）は初診料や手術料については、いくらとってもいいことになっている。もちろん、診療費は日本のように点数表で決められているが、その差額は患者の自己負担ということになっている。

そうなると法外な診察費や手術料をとる医師が出てくると思う人がいるだろうが、そこはよくしたもので、少しでも高ければだれも行かなくなるので、この制度ができて二年も経ったときには、だれが見ても〝なるほど〟と思う料金になっていたという。

フランスがこの制度を採用したのは、健康保険の点数表で医師の技術の優劣を決めることができないので、どの国でも、国家試験に合格したての医師でも、経験ゆたかな医師でも診察費は同じになる。これは自由主義経済からみると、矛盾であることは確かで、この矛盾の打開の方策として考えられたのが、この方式である。私は日本でもこれの採用を検討すべきだと思う。

「医師は国民への奉仕者だ」という意見があって、技術を持っている医師が立派な仕事（診療）をしてもそれは価格にはね返らす必要がないという見方もあるが、私はその考え方は酷だと思う。不当に特別診察料金を取るのは問題があるが、料金を提示して金を受け取るのは単なる商行為であると私は思う（スウェーデンは特別診察は法律で禁止されている）。

二十一世紀の社会保障は、日本の場合、国営で行なうものではない。医師にとって希望の持てることも実現すべきだと私は思うが、そのひとつは、このフランスの医療保険の部分的自由診療方式ではないかと思う。

歯科を自由料金制にする?!

スウェーデンで歯科に自由料金制の導入

スウェーデンはいま、歯科医療で大揺れに揺れている。一九七四年から医療保険でカバーしてきた歯科医療を、一九九九年四月一日から国は全体の三分の一しかカバーせず、原則として歯科医は自由料金制になり、国民の自己負担は大幅にふえた（それ以前は国民は二分の一の自己負担であった）。成人の健康な人の歯科診療の自己負担がふえて、国庫負担が減った分の金で、高齢者の歯科診療を国が負担することにするという、少しややこしい施策を実施したのである。

金額的には、国は一般成人歯科については、これまでの約三分の一の金しか支出していない。老人歯科の料金を国がみるのには異論がないが、一般の人たちの歯科料金が自己負担となり、私がスウェーデンにいた九九年七月十三日には、エングクビスト厚生大臣が「自己負担が大きすぎる。これを補塡するには、八〇億クローネ（一クローネは約一六円だから一二八〇億円）を必要とする」と発表し、なんらかの考慮を示唆している。

歯科の差額診療をめぐる問題は、かつて二十年前に日本でも大問題になったことがある。世界各国が抱えている問題であり、スウェーデンだけのものではない。これを十分に理解してもらうためには、少しさかのぼったところから話をはじめるのがわかりやすいと思う。

スウェーデンだけではなく、どの国でも歯科医療は一般の医療にくらべておくれている。これは診断、治療、健康保険などによる歯科の社会化のどれをとっても、おくれている。早い話が、まったく歯科に健康保険が適用されていないのは、アメリカだけでなく、北欧でもノルウェー、フィンランドなどは歯科は全額自己負担である。

保険の導入…歯科医は海外流出

スウェーデンでも、一九六〇年ごろ、歯の治療が満足にできないということで社会問題になった。そのときは、歯科医がたりなくて、十分な治療が受けられないという国民の不満が澎湃《ほうはい》として起きたため、スウェーデン政府は歯科大学を急激にふやして定員を六倍にした。結果はこれによって歯科医は充足したが、思ったほどスウェーデンに定着せず、アメリカ、イギリス、ノルウェー、フィンランドなどにかなり流出した。

それというのも、歯科学の世界の最先端の流れは、富裕階級を相手に高度の治療をするというものので、この分野はアメリカで発達しているため、アメリカへの流出が多かった。

一方、スウェーデンは、歯科医がある程度ふえた一九七四年に、歯科医療に健康保険を導入した。当時の慣行料金の中間値をとった日本の点数表と似たようなものをつくって、いわゆる「保険診療」を行なうようにした。この制度ができるまでのスウェーデンでは、十八歳以下の小児についでは国立病院で診療を受けた場合は自己負担がなく、治療が行なわれていた（待ち時間は極端に長かった）。その他の成人や老人はすべて歯科については全額自己負担だった。そこへ一九七四年に保険を導入したので国民に好意をもって迎えられたし、当時、厚生大臣だったアスプリング氏は、この歯科の制度を自賛していた。

しかし、この制度はスウェーデンの歯科医にとっては、必ずしも好意的に受け入れられなかった。というのは、健康保険の点数によって規制された歯科診療費は、必ずしも歯科医の満足する金額ではなかったからである。そのため歯科診療については、まったく自由診療だったノルウェーやフィンランドに、スウェーデンの歯科医が流出していったことは事実である。

スウェーデン人は元来、器用な民族である。自分で家を建築するのを趣味としている人が結構いるぐらいである。だから歯科医としての技術力の国際的評価も高く、もともとアメリカに留学する歯科医も多く、六倍に歯科医を増員したものの流出する歯科医も結構多かったという。

高齢者は自己負担なし、国民は猛反発

ところで、こうして点数をつくって、いわばスウェーデン政府は歯科医を押え込むような形で歯科診療をやってきたが、歯科医たちは収入が上がらないことを理由に、とくに高齢者の歯科については、ほとんど顧りみられなかった。

ここ一、二年のスウェーデン経済はやや持ちなおして年率に換算すると三%ぐらいの経済成長になり、国際通貨基金やユーロでも評価が上がりはじめて、やや「愁眉を開いた」感じにはなっているものの、九〇年代に入ってからの経済はいまひとつ成長力もなく、政府予算はずっと緊縮を強いられ、さらにはEU加盟にともなう問題もあって、社会保障は全般に「リストラ」の傾向にあった。

このためスウェーデン歯科医師会とのたびたびの値上げ折衝でも、とても財源がないので色よい返事はできず、結局、歯科医の要望を入れて診療料金を歯科医が自由に設定できるようにし、値上げの要望に応じた。そのかわり政府は、高齢者の歯については本人の自己負担なしに治療や歯科衛生をすることを決めた。

歯科の診療料金を歯科医が自由に設定できるようにしたからといって、むやみに料金が上がるようなことはない。極端に高くとれば、だれも診療を受けに来なくなるから、歯科医療費は適当に淘汰されうまくいくだろうと政府国民はみている。

ところが、これまでは二分の一の自己負担で歯科診療を受けていた一般の国民が、ものすごい負担増を必要とするようになったことから反対の狼煙《のろし》が上がった。いまの社会党の内閣は基盤の弱い内閣で、単独では過半数がとれず、共産党と環境党(緑の党)の閣外協力を得て、かろうじて過半数を確保している。そこで、この歯科の問題も、なんらかの修正が行なわれるだろうとみられている。

スウェーデンでは、こういう問題の場合、識者を集めた委員会のようなものをつくって討議し、その報告者を提出してもらって解決策を探るという方法がとられることが多い。日本の審議会にやや似たものである。しかし、いずれにしても放置できない段階に来ていることはまちがいない。

日本で起きた差額徴収騒動

ところで、この歯科の自由診療問題というのは、実は「魔性」のような面がある。日本は、本格的な国民皆保険になった一九六一年から医科と同じように歯科も保険の点数表が採用され、ある意味では、先進国のなかでも進んだ制度を編み出した。

これにはいろいろの見方があるかもしれないが、日本人の歯が必ずしも良くなかったことがあげられるのではないかと私は思う。子どもには虫歯が多く（甘いものを食べて、よく磨かないためであろう）、成人以降には歯周炎（当時は歯槽膿漏といった）も多く、欧米先進国の人々にくらべて日本人の歯はとくに悪かったといってもいいだろう。

それに日本にはふしぎなことに、先進国にも例の少ない「虫歯予防デー」（六月四日）というのもあって、小学校のときから歯みがきの励行がキャンペーンされてきた。だから歯科は、当初から健康保険で医科と同等の扱いを受けていた。

それでも、日本の歯科では差額徴収騒動というものが起きている。もう二十年以上も前になるが、歯科医がやたらに差額を取るということが問題になり、全国的な騒動に発展した。

医科では当時、病院での部屋代を除くと、原則として差額は認められていない。しかし歯科では二十年前の当時、すでに健康保険で次の場合に差額徴収が認められている。

(1)ダミー三歯以上のブリッジ
(2)金合金および白金加金を使用した歯冠修復および欠損補綴
(3)金属床を使用した特殊な補綴
(4)陶材を使用した特殊な補綴

また、差額治療における患者の負担額は、

〔当該治療の慣行料金〕－〔当該治療にもっとも近似する診療行為の保険点数換算額〕

となっている。

差額治療については、一九七四年三月と五月の通知により次のように取り扱いを決めている。

(1)　差額治療は患者の希望があった場合に限り行なうことができるものであり、通常必要とする治療は保険診療で行なうことができることを患者に理解させること。

(2)　差額治療を希望する患者に対しては事前に治療内容および料金について明確に説明し、患者の同意を確認すること。この同意は文書によって得ること。

(3)　差額治療に関して患者側から求めがあれば領収書を発行すること。

(4)　保険診療機関内の見やすい場所にポスターおよび料金表を掲示すること。

なお、上記取り扱いに反している保険診療機関に対しては指導を行ない、改善の認められない保険医療機関には監査を実施し、適切な処置を講じること。

当時の厚生省の歯科差額に関する考え方は以上のようなものだったが、この事件が起きた原因は、当時の日本歯科医師会の会長が一九七五年三月に「歯科は差額徴収できる部分があるのでこれをかなり拡張解釈するように」との通達を出したのが発端といわれる。これを各歯科医師会員が「脱保険」と解釈して、あちこちで国民との間にトラブルを起こすことになり、これをめぐって日歯は分裂寸前までいったし、マスコミも連日のように報道した。

歯科も医科と同列で議論を

私があえて二十年以上も前の話を持ち出したのは、日本の場合は「差額徴収」でスウェーデンのような「全面自由診療」ではないが、どちらにしても歯科の保険診療の問題に関連するからである。健康保険や医療国営の国の診療費は、端的にいって制限診療である。制限診療は好むと好まざるとにかかわらず、自由主義経済ではない。ソ連が崩壊した現在、計画経済的な色彩が残っているのは医療の一部ぐらいである。このような情況の下での歯科診療で、歯科医が収入増を要求したとき、高度経済成長なら診療報酬を上げることに応じることもできるが、これだけ世界的に経済が悪いと、歯科医師の要求に応じることができない。この要求に応えるのは、自由診療である。

自由診療にすれば、結果はどうなるかは別として、歯科医の報酬引き上げは満たされる。もしも「食えない歯科医」ができても、自由主義経済の下では、「やむを得ない」ということになる。しかも、医療経済学は、その自由診療化に大義名分を与えている。

スウェーデンは、高齢者の歯科を充実させたうえ、八〇億クローネを従前どおり保険で支出するのはちょっと国家財政が許さないだろう。

スウェーデンの歯科医療のゆくえは十分注目する必要がある。それだけではない。このスウェーデンの問題は、実は二十一世紀の社会保障をどう構築するかに重大な関係がある。日本もどこの国も、国家財政は大赤字である。政治は勇気をもってリストラをというわけにはいかないし、増税は多くの国でタブーになっている。

そして、もうひとことつけ加えると、日本以外に、歯科をはっきりと医科と同列に置いている国は少ない。しかし、その論議にまき込まれるのは危険である。歯はおそらく、大半の病気と関係を持っていることがこれから解明されるだろう。歯と痴呆の研究がその突破口になるだろう。医科と歯科は同等・同列で議論を進めるべきである。

自由診療は〝麻薬〟のようなもの

ところで、この「自由診療」というのははしなくも社会保障王国のスウェーデンで馬脚を現したといえるのではないか。医療の自由診療というのは亜片や〝麻薬〟のようなものだと私は思う。政府にとってみると財政難のときでもあり、支出は減ることになる。診療側にしてみると、自由化によって競争は激化するかもしれないが、収入はふえるという希望はある。問題は、このシワ寄せが国民負担になるということなのである。

この自由診療が勢いを得ている観があるのは、医療経済学がアメリカで誕生して、アメリカは周知のように個人収入に依存し、健康保険のない国である。そして、日本で医療経済学を勉強した人の大半はアメリカで勉強している。病院の機能評価法、ＤＲＧ（診断関連グループ）方式など、医療の効率化に関わるものすべてが、アメリカからの輸入である。

しかし、社会保障というのは、はたしてアメリカ流の弱肉強食の経済学で律してしまっていいのだろうか。私見をいわせてもらえば、社会保障のコアになる部分は、私は弱肉強食ではいけないと思う。弱肉強食にブレーキをかけて、社会連帯責任によって、弱者を救うというものである。過保護は問題だが、すべてが適者生存と考えるのなら、社会保障は必要ない。

私は二十世紀の文化遺産で最大のものは「社会保障」だと思う。どうしても二十一世紀に残したいものである。世の中はあまりにもアメリカ的になりすぎていないか。

現代の「錦の御旗」は自由化である。経済学の理屈からいうとそれは正しい。しかし、病院などの場合、自由化を強調してうまくいくのだろうか。「病院経営の近代化」といった会議に出ると、会計学や理論経済学をやっている人は例外なく「病院経営は完全自由化し、病院を株式会社にして配当金を出すべきだ」という主張をする。たしかにアメリカの病院はそうなっているようだが、私は、これには反対である。というのは、こういうことにすると病院は採算中心主義になる。採算の合わないのは切り捨てる。そうなると「救急」をやる民間病院はなくなる。

救急は医療の原点である。私は救急こそ医療のコアだと思う。このコアになる部分は、公的なものだと思う。これを守ってもらわねば、国民は困るだけである。いくら自由主義経済が中心だといっても、救急を放置しては医療は成立しない。アメリカ一辺倒も考えものである。

老人の歯は健全とはいえない

日本人の平均寿命が世界一になって十年以上たつ。老人はたしかに元気な人も多いが、私が気にかかっていることは、老人の歯はとてつもなく悪いということである。

国民健康保険中央会が行なっている一九九七年度の研究「活動的余命を高める方策に関する研究会」で、全国三二〇〇市町村から八十～八十五歳の健康老人を一市町村一人ずつ抽出した人たちの現在の歯の数は、男性と女性を合わせると平均五本ぐらいしかない。女性のほうが男性より約一本以上少ないが、これは女性が出産のさいに歯を痛めるためだろうとみられている。それにしても老人の歯は健全とはいえない。

日本歯科医師会は十年ぐらい前から「八〇二〇運動」を展開している。また広島県歯科医師会では「五五二五運動」をやっている。八十歳になって自分の歯が二十本残っていないといけない、あるいは五十五歳では二十五本必要としているというもの。厚生省もこの運動を支持している。しかし、健康老人といわれる人たちでさえ、歯が目標の四分の一しかないというのでは、これで十分に食べたものを噛めといっても無理ではないか。

せめて、これからできる施策としては、老人の歯科衛生と本格的に取り組み、介護保険ともからんでくるが歯科衛生士の訪問によって老人の歯を検査し、歯科医によってその対策を行なうようにしなければならない。

老人の歯があまりよくない理由はいくつかあげられると思うが、そのひとつは今の老人は若いときから歯科衛生の教育を受けていないことがある。せいぜい学校に行っていたころに、六月四日の虫歯予防デーに歯をみがくことを教えられたぐらいである。現にさきの国保中央会の研究調査でも男女とも八割以上が毎日歯をみがいている。

歯が少ないのは、やはり歯周病の影響があると考えられる。歯周病の知識はいまの老人にはあまりないとみられる。したがって歯周病の啓発は重要と思う。

抜くほど稼げる保険制度

老人の歯が少ないもうひとつの理由は、歯科医がどんどん歯を抜いてしまう治療をするからだという指摘がある。歯は本来、できるだけ自分の歯を残して治療するというのが基本だが、いまの健康保険では歯の管理をきっちりして完全な口腔にしても保険の点数はあまりつかない。歯を抜いて新しく挿入したりしない限り高収入にならない。これを改革する必要があるのではないかと思う。

こういう点数制度では、いきおい、歯を抜いて治療するという形をとったほうが歯科医にとって収入になるわけで、どんどん抜歯した結果、八十歳になれば五本しかないということになったともみられないことはない。

ところで、最近、都市部で歯科医にたいする不満がふえはじめているという。誤解がないようにお断りしておくが、これは大都会の都市部（東京、大阪など）のみの現象である。これは一部の歯科医が十分なインフォームド・コンセント（金額だけでなく治療方針も）せずに法外とみられる差額徴収をするためのトラブルである。マスコミに投書もあるようだが、私自身もそういう経験をした。私は永年ずっと一人の歯科医に治療を受けていたが、その先生が病気になったので、たまたま別の歯科医に診療を受けたところ、次々と歯の治療をし、大体一本について十万円以上の差額を要求された。

そして、最後には四十四万円を払い込むように要求された。ふつう歯の治療が終わって、十分だと確認してから金を払うのがルールなのに治療中に銀行振り込みを要求されたので、ひどいと思って治療をやめた。さいわい、以前に診てもらっていた先生の病気もなおり、いまは元に戻っている。ちなみにこの治療中に振り込みを要求した歯科医は大学医学部の非常勤講師もしている。私は言語道断ではないかと思う。

相変わらずの差額徴収トラブル

今から二十年ぐらい前に差額徴収問題で歯科医療界は大揺れに揺れたことがあった。歯科は医科とちがって金などの材料を使ったときには差額が認められている。そのため、歯科医、とくに大都市歯科医のなかには「健康保険では、いい歯科医療はできない」という口実で差額をとりはじめた。

たしかに健康保険ではいい歯科医療ができないという側面も多少はあると思うが、二十年前に問題となったのは、歯科医が治療の終わった段階で、いきなり「何十万円です」といってトラブルになったケースが多かった。最初から差額料金を説明し、患者も納得したケースにはトラブルはほとんどなかった。

歯科の場合、金属の差など除いて、ほんとうに差額が必要かどうかは議論の余地もあると思う。ただ、現実にビルで開業している大都市の歯科医のなかには上だけの入れ歯で二百四十万円という例もある。自動車一台が口の中に入っているようなものである。歯科の場合、治療の痕跡でその医者がわかるので歯科医を変えにくいという患者の弱みに付け込む形跡もある。

もしも、スウェーデンの自由診療を日本で実施したら、この歯料医のような人ばかりが巷に満ちるのではないだろうか。医療は統制経済だといって批判する向きがあるが、統制されているからこそ秩序が保たれていることは医療にはあるのだと私は思う。

ちなみに、スウェーデンの歯科自由診療をめぐって、二〇〇〇年六月現在、まだ改革は行なわれず放置されている。二〇〇二年頃に再改革を行なう予定だということである。

医療の無駄「重複検査」の解決策

検査は苦痛を伴うものである

現代の医療の無駄は私は薬剤だけではないと思う。臨床検査にも大きな無駄があるのではないか。東京などでは、東大系の病院で検査を受けて、そのデータを出してもらって、それを持って慶応系の病院に行くと、目の前でそのデータをゴミ箱に捨てて、全部初めから検査をやりなおす。検査結果には検査所によって若干のブレはあるが、ここ数年、検査値のバラツキは是正されつつある。「他の病院でやった検査は信用できない」ということなのだろうが、いかにも無駄なことである。この本当の理由は東大対慶応の学閥意識である。

検査といってもMRIのようなものは、撮影する人の技術によって、上手下手があるとされているが、血液検査の数値などは、現在ではそう差のあるものではない。いずれ時間が経つうちにこの妙な学閥意識もなくなるとは思うが、こういうつまらない意識は医局にいる間に教育されるもので、簡単になくならないという見方は強い。

こうした学閥意識はなくても、いまの医療では、何もいわずにちがう診療機関で診察を受けた場合には、必ずといっていいぐらい、検査は初めから全部やるのが通例である。

私がいいたいのは検査費用が嵩むということのほかに、検査というのは本人にとって、かなりの苦痛を伴なうものだということである。

たとえば、胃カメラや大腸ガンの直腸検査は、検査器機が進歩したというものの、決して楽しいものではない。ＭＲＩなどでも地下鉄工事の十倍ぐらいの騒音がする。診療側は患者の負担になったかどうかは頓着しない。というのも「病気をなおすためには検査の苦痛ぐらいものの数ではない」と診療側は思うからである。

しかし、検査を受ける人のなかには、健康診断で検査を受けている人も多い。健康診断を受けている人の心理は、健康を確認するために受けているので、どうせ病気ではないと半分以上思っている。検査が苦しければ「こんなことをしてまで病気の有無を確認しなくてもいい。悪くなれば、いずれ自覚症状が出るのだろう」と思うのが通例だ。だから同じ検査を二度も三度もやるのは、そのこと自体が問題だと思う。

提言——ＩＣカードですべて解決

この重複検査のようなものを解決する方法はあるのか。かつて臨床検査は、ひとつ検査をすればそれを健康保険に請求できるという方式だった。これだと不必要とみられる検査まで行なうので、厚生省は「まるめ」という方式に改め、特別の検査を除いて、一定のレベルまでの検査はいくつやっても金額は同じということにした。これはひとつの対策で、それなりに成功した面もあった。多種類の検査をすることにブレーキがかかり、検査の費用が節約にはなったが、同一人に二重の検査をすることはなくならなかった。

これを解決するためには、私はＩＣカードの導入以外に方法がないと思う。ＩＣカードは検査の結果をカードに打ち込むという方式である。カードは非常に精巧になり、Ｘ線写真もそのままコンパクトにして入るようなものができている。検査の結果は原則として半年間有効とし、このＩＣカードはそれぞれ自分で保管する。すでに兵庫県の淡路島の五色町ではこの方式をモデル・ケースとして実施しており、成功をおさめている。

「カルテはだれのものか」というのが論議の対象になっているが、カルテはいうまでもなく患者のものである。決して教授や院長の財産ではない。データとしての学問的価値はあるかもしれないが、それは二次的なもので、カルテは患者のものである。だからこのＩＣカードは各人が保管し、診療を受けるさいには、そのＩＣカードを診療機関の窓口に提出する。診療機関にはこのＩＣカードをみることのできる端末機を備えておけば、それを見ると一目瞭然である。医療審議会でカルテの公開を法制化するかどうかでもめたが、こういうことはＩＣカードを導入すればすべて解決する。

ただ問題があるとすると、ＩＣカードの値段の問題である。現在のところ、このＩＣカードは一枚一万数千円ぐらいかかるらしい。しかし、全国民がこのカードを使うことになれば、値段も十分の一程度になるといわれている。ＩＣカードを導入すれば、何回も同じ検査をすることはなくなるし、カルテは自分で保管しているのと同じことになる。一挙両得ではないか。

いきなり検査をする医師がいる

いまの診療現場に行くと、患者の話（訴え）を聞く前に、いきなり検査をする医師がいる。

その医師に私が「どうして患者の訴えをきいてから検査をしないのですか」と聞いたら「患者は医学なんかまったくわかっていない。ゴタゴタいわれる話をきくより、検査数値のほうが客観的なデータがでるので判断しやすい」と答えた。こういう側面がまったくないとはいえないが、それでは人間を診るのではなく、動物を診ているのと同じではないかと思い、重ねて「インフォームド・コンセントはどう考えているのですか」と質問を重ねてみた。するとその医師は「インフォームド・コンセントが流行したのはアメリカですが、そのアメリカで喜んで患者に説明している医師なんていませんよ。インフォームド・コンセントをしなかったら診療過誤で訴えられた場合、そのことだけで裁判に負けるので、みんないやいややっているのですよ」とにべもなく答えた。

たしかにアメリカの実情にはそういった面もあると私は思う。しかし、そういう医師ばかりではない。ちなみにこのドクターの仲間に彼の人物評をきいてみたら「大変な秀才ですよ。高校からストレートでT大医学部に入った男で、卒業成績もベスト・ファイブですよ」という話だった。

こういう医師が多いことも確かである。けれども、すべての医師がこういう方向にあると考えるのは早計である。どの世界でもそうだが、秀才であるとか、理論一本槍だとかいうことだけで押して行けるのには限度がある。医師の中でもほとんど研究者といった方が正しいぐらいで、臨床をあまりやらない大学にいる医師と開業医や大病院の勤務医では、同じ医師でも随分考え方もちがう。私の知っている医師の中でも、少なくとも十分間は患者の訴えを聞いてから、検査項目を決めて採血するのを確実に守っている先生もいる。

「医療は医師対患者の人間関係の成立のうえにのみ存在する」といわれる。私は二十一世紀の医療も、この医師と患者の人間関係は守られるように制度として確立し、それを社会保障にもビルトインすべきだと思う。そのためには、医師の技術料をきっちりと評価すべきだと思う。私のいう技術料というのは、断片的な科学の知識だけを指すのではなく、インフォームド・コンセントのようなものも評価した形で初診料や手術料といったものを決めるべきである。

これまでの日本のように、モノに重点を置いて技術をあまり評価しない点数表では、投薬量をふやしたり、検査ばかりする医師を生むことになる。少なくとも、医師が薬の〝カスリ〟を取ったり、検査料金の計算ばかりするようでは医師の沽券にかかわるのではないか。

医療問題では何かというと医師会を批判する向きが強いが、医師たちがまともなことをして生活が営めるようにするのも、広い意味では社会保障につながることであると思う。こういう医師は「私たちは社会保障をしてもらわなくてもちゃんとやっていける」というかもしれないが、国民皆保険の現在で、差額徴収の少ない（ほとんどない）日本の医療費構造のもとでは、医師の生活もまた健康保険に左右されているといって過言ではない。だから、言葉は悪いかもしれないが、今日の情勢では、医師も国民も健康保険と一心同体だともいえる。それだけに、私たちは診療側も国民も納得でき、社会保障のいい面を享受できる社会保障制度を時代とともに構築していかねばならないのである。

長すぎる入院日数

スウェーデン六日、日本は三十四日

欧米先進国と日本とを比べた場合、医療面できわ立って日本が劣っているように見えるのは、平均在院日数である。欧米先進国の多くの国の平均在院日数はせいぜい二週間である。スウェーデンは六日という驚異的短さだ。これに反して日本の平均在院日数は実に三十四日である。これはあまりも差がありすぎる（図2）。

今日、世界の医療界の常識では入院日数は短いほうがいいとされている。その第一の理由は早く退院して日常生活に入るほうが、そのこと自体がリハビリにもつながるというわけである。もう一点は人間はいかなる場合でも、施設のようなところにいるより自宅のほうが快適で、健康にもプラスするという考え方が世界の主流になっている。

ところで、日本ではむかしから国民の労働がきつかったという事情もあるが「病気になったときにはできるだけゆっくり寝かせて休ませてあげよう」という考え方が患者の周囲だけでなく医師の間でも強かった。脳卒中が起きたときでも「起こすな、寝かせておけ」といって、それが寝たきり

図2　平均在院日数の変化

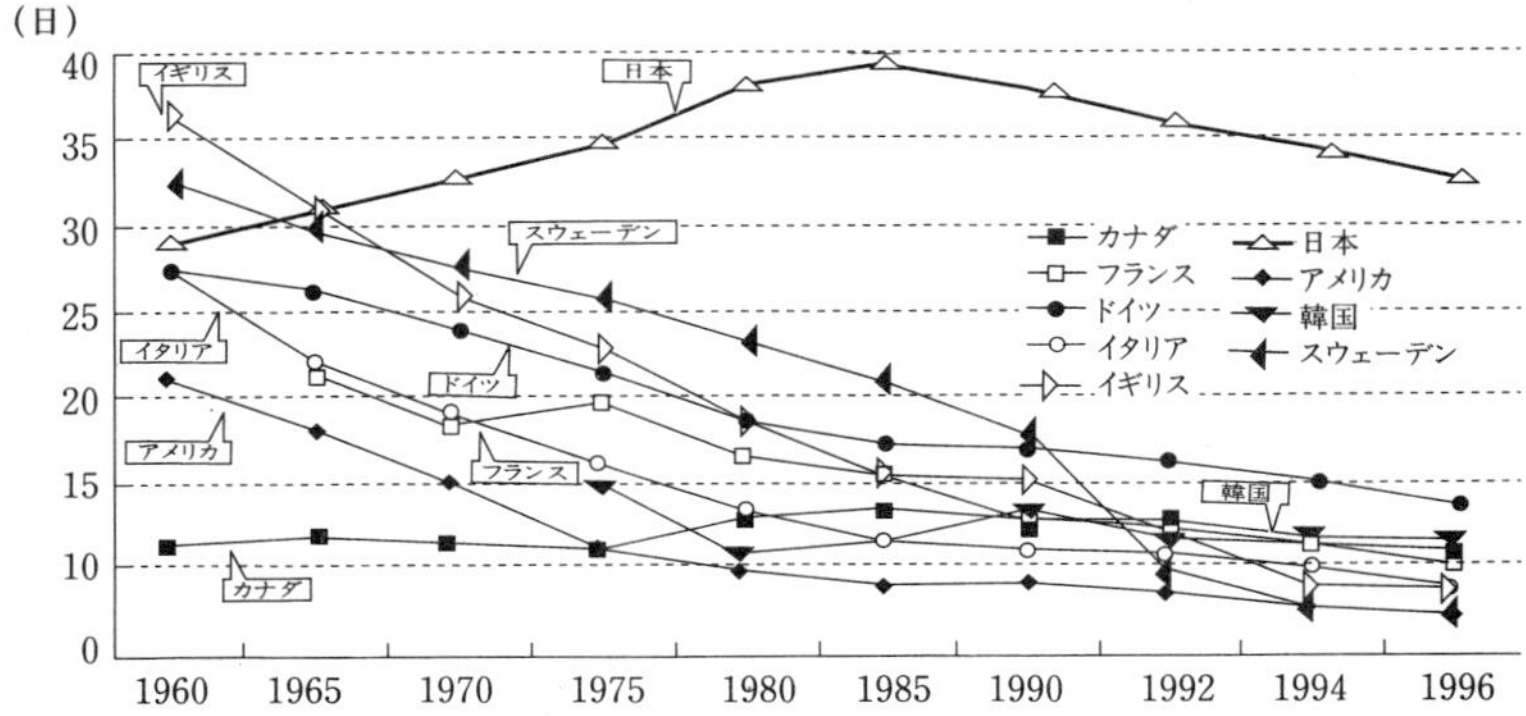

資料：日本「病院報告」、諸外国「OECD Health Data 98」

をつくる大きな原因となっていたが、そのことは二十年ぐらい前までは医師もそう信じていた。このため、入院日数が長いのが日本の「伝統」のようになっていた。

それともう一点は、戦後の日本の病院経営では「できるだけ患者をたくさん集めて、濃厚と思えるぐらい検査をして、薬を大量に出し、できるだけ入院日数を長くしたほうが病院経営にはプラスになる」というのが鉄則に近いものだった。事実、昭和五十年代の前半ぐらいまではこの方式が病院経営に大きく寄与したことも事実である。しかし、このことに気づいた厚生省では、健康保険の点数を改正し、全体的に〝まるめ〟を徹底するようにし、むしろ入院期間が短いほうが点数上では有利なように改めた。

「社会的入院」は医療費の無駄使い

一九九九年八月中旬の話だが、病院経営がはかばかしくない兵庫県の厚生連の病院で、院長が院内に通達を出して「すべての入院患者を一日ずつ長く入院させるように」と命令した。

もちろん違法行為であるが、いまの点数表ではこういう因循姑息なことをしても病院収入が上がるようになっていない。いまの点数表では、短期間の入院日数にすると一日当たりの医療費はかなり高額なものになる。しかし、長く入院していると一日当たりの医療費は逓減する仕組みになっている。だから病床の回転を早くしたほうが病院収入は上がるわけで、そのためには全体の病床数は減らしたほうが効率は上がるということになる。

スウェーデンは、この数年の間に平均在院日数を十四日から六日に減らした。それにつれて全体の病床も約二分の一にまで減っている。日本の場合、病床数は精神病床を除いて百万床もある。これは人口比に換算して、ヨーロッパの約二倍ある。それだけ日本の病院は、患者を長い間入院させているわけである。この最たるものは少し前に問題になった「社会的入院」である。これは主として老人だが、病気になって病院に入院し、治療を受けてある程度回復するが、そこから先は治療の方法もない。本来なら自宅に帰ってもらうのが筋だ。ところが、帰るところがないということで病院に置いてくれということで、そのままずるずると入院を続ける。

こうして入院していると月に数十万円ぐらいの療養費がかかる。こういう人たちに入ってもらうために、老人保健施設や療養型病床群がつくられたわけで、こういう施設は治療をする病院ではなくて、生活の場の色彩が強いので、老人も快適にすごせる。しかも療養費は病院にくらべて一カ月十数万円から二十万円も安い。この差額の合計だけで一兆円はあるとされている。医療費の無駄使いである。

介護保険がつくられたのも、こういった背景もあったわけである。

病院の病床は急性患者用に

日本でも、平均在院日数や、社会的入院等のこともあって、病床区分をしようという動きがはじまっている。つまり、日本の病院の病床を「急性病床」と「慢性病床」に分けて、できるだけ病院の平均在院日数を減らそうとのねらいでもある。私見をいわせてもらえば、欧米の病院では、病床というのは「急性病床」のことだとされている。

おそらく日本も二〇一〇年には病院の病床はすべて急性患者用で、慢性患者といわれるのは、特養や老健、療養型病床群などに入所するか、在宅療養ということになろう。それが在り方として正しいわけで、日本のように、「家族が父母を病院に入れると親孝行、特養に入れると親不孝」といわれるような偏見から脱却しなければならない。

叱られるかもしれないが、あともう一世代あとでは、自宅で親の介護をするという人は多分ほとんどなくなると私は思う。老人の介護は特養や老健、あるいは民間の老人ホームで行なわれるのがふつうになるだろうし、親と同居する子どももなくなっているだろうと思う。決して親不孝を奨励しているわけではないが、それが歴史の流れというものだろう。現在のスウェーデンをみると、在宅医療や在宅介護が多いが、老人たちはたいてい一人暮らしである。夫婦二人というケースもあるが、介護を必要とする年齢になると、夫婦ともに生きているというケースは少ない。さきにも少し触れたが、スウェーデンの場合、子どもとの同居率はせいぜい二〜三％だという。

おそらく現代のスウェーデンの状態が日本で高齢化のピークを迎える二〇二五年ごろと似たような形になると思うので、日本人も、もう少し「個の確立」を考えねばならないという側面もある。

ところで、欧米では「即日退院」というのがいまはやっている。午前八時ごろに入院して、午前中検査し、午後手術する。手術後一休みして、夜の九時ごろに退院するというわけである。こういうふうに手術ができるのは、手術そのものがかつてのように大がかりではなく、簡素化されたという事情もある。

たとえば、胃ガンの手術はかつては胃の三分の二を切除して、その回復に少なくとも三週間ぐらい入院した。しかし、今は小さな胃ガンだとファイバー・スコープの先にメスをつけたもので簡単に切除できる。

全般的にいって医療機器の発達によって手術は簡素化している。ＥＳＷＬという機器がある。これは体内の結石を破壊する装置で、当初五億円ぐらいしたが、これを使うと、これまでは結石の手術をして三週間入院していたのを、外来で日帰りで結石をこわすことができる。手術日数、傷病手当金が節約されて安くなる。こういった点は様変わりしているといってもいいだろう。

にもかかわらず、日本の平均在院日数が三十四日というのは、どう考えても長い。

提言――家庭医制度の確立

勤務医と開業医――ちがう職種なのに同じ教育

社会保障はある意味で「制度」である。制度というのは効率よく運用されないとうまくいかないし無駄が生じる。効率のよくない無駄は、日本の医療の根本にかかわるところにもある。別に大上段に振りかぶるわけではないが、これはぜひ是正してもらいたいと思うものが医療の根幹部分にある。少し持って回ったいい方をしたかもしれないが、端的にいうと「日本の医療は機能分化ができていなくて効率も悪いし、経費も無駄にしている」ということである。

日本の臨床医師を分類すると「勤務医」と「開業医」に分けることができる（ほかに基礎医学者というものもある）。どちらも医師にはちがいないが、両者の差は歴然としている。勤務医はズバリいえば専門医またはそれを目指して修練中の医師である。一方開業医というのはいわゆる家庭医（ファミリー・ドクター）のことで、この両者は職種がちがうといっても過言ではない。ところが、その養成方法は現在のところ同じなのである。これは矛盾である。

勤務医は専門医志向である。専門医というのは、たしかに高度の医療技術を持っていて、一般の開業医ではちょっと手に負えないような厄介な病気の診断や治療をすることができるが、その病気はごく一部のものに限られる。いわば、専門医は医学という名の碁盤の目のひとつだけしかできないという側面もある。しかし、現代のように科学が細分化されていると、専門医が医学を進歩させるとともに、専門医がいないと国民は進歩した医学の恩恵を受けられないということになる。

一方、開業医（つまり家庭医）は英国ではGP（ジェネラル・プラクティショナー）といわれるように、幅広く、国民の健康や病気を受け持つのが仕事である。国民が直接に接するのはこの家庭医で、家庭医はオールラウンド・プレーヤーでないといけない。

このように専門医と家庭医は職種としてもはっきりちがっていると私は思う。にもかかわらず、家庭医の教育というのがいまの医学教育でははっきりしていない。

家庭医になるための訓練が必要

日本の医学教育の大半は医学部の各教室のいわゆる医局というところで行なわれる。大学医学部を卒業して、医師国家試験に合格したら、希望する教室に入る。そこでは最初から専門医になるための教育が行なわれる。うまくいく人はこの教室で訓練を積んで、途中大病院に派遣されることもあるが助手－医局長－講師－助教授と進んで、運がいいと教授になることもある。出身教室の教授になれなくても、他大学の教授になったり、大病院に派遣されて、そこに居ついて部長－副院長－院長と階段を登っていく人もいる。こういう人たちは専門医として成功したといえる人たちである。

一方、家庭医といわれる人たちは、本来は医療におけるオールラウンド・プレーヤーでなければならない。家庭医のところにやってくる患者は千差万別である。家庭医の先生は、それらの種々雑多の患者を診て、それらの患者を十分に自分が診断治療できるか、あるいはどこか設備がよくて腕の確かなところに紹介しなければならないかを振るい分ける。欧米の場合は、家庭医のところを訪れた患者のうち九〇～九二％が家庭医のところで十分に処理できるという。

ところが、日本の場合の家庭医は「父が開業していたから」ということで後継ぎとして家庭医をしている人もいるが、開業医の多くは、実は専門医を志向して努力したが、コト志とちがって開業することになったという人が多い。問題はこういう人たちが、家庭医としての訓練を受けていないことである。日本医師会は村瀬会長のときに「かかりつけ医」という言葉をつくり、家庭医やファミリー・ドクターという名前を敬遠した。これは開業医の中にあいまいな形のドクターがいるためだったといわれている。

実は、村瀬日医元会長は「専門医として訓練を受けていれば、もともと医学部を卒業しているのだから十分に開業医はこなせる」と私にも話していたが、私は専門医のコースを挫折した医師に家庭医が十分にできるとは思わない。医学は日進月歩で、専門医になるためにはその分野に精通するために不断の努力をしなければならない。その医師が、そのまま医療を一般的に広く知っていなければできない家庭医をやるのは無理ではないかと思う。

私のよく知っている家庭医にS先生という人がいる。S先生は東京の国立大学を卒業して内科の医局に入り、大学院に進学した。友人たちはみんな、S先生が内科の後任教授になるものと思っていた。ところが、S先生は教授に自分の娘をもらえといわれたのを断わったため、教室に居づらくなって外に出ることにした。そのさい、S先生は、ほんとうの開業医になろうと決心した。S先生は内科の教室にいたので内科の診断には多少の自信があったが、外科系の各科には自信がなかった。そこで、まず、都内で有名な産科病院にわらじを脱いだ。

S先生にしてみると、一年もやればお産はわかると割に簡単に考えていた。しかし、実際に産科の勉強をはじめるとやることが多いし、ものごとに割とこだわる性格でもあり、さらにその病院の外科でも勉強した。あれこれしているうちに十年はまたたく間に過ぎ、S先生は産科医長になっていた。それからS先生は開業した。

開業してからのS先生は、公衆衛生面の素養が足りないと自覚し、積極的に医師会活動に参加し、学校保健医も買ってでて、予防注射も実践した。そして区の医師会長も勤めた。

S先生は「家庭医というのはそう簡単なものではありませんよ。日ごろ結構勉強していないと新しい知識におくれるし、地域との関係をうまくしないと浮いた存在になる。病診連携（病院と各診療所との連携）にも力を入れておかないと、患者を十分に紹介できない。大学のころよりずっと忙しいけれども生きがいはある」といっている。

このS先生のいうように、家庭医というのは「家庭医になるための訓練」を経てないとうまくいかない。

「開業してよかった」……

こんな例もある。T先生は、医学部を出て、内科の教室に入ったが、そこの教室の教授は白血病の専門家だったので有無をいわせず、白血病の臨床と研究をやらざるを得なかった。一応白血病の患者には十分に対応できる能力をつけて、学位論文も白血病のことを書いて医学博士になった。T先生が教授に面倒をみてもらったのは、このあと地方の県立病院の医師として派遣してもらったところまでだった。

T先生はまじめな性格で白血病についてはくわしいが、他の病気はほとんどわからなかった。県立病院といっても、白血病の患者はめったに来ない。五年間県立病院に勤務していた間に白血病の患者は三人しか来なかった。県立病院の側でも、この先生をうとんじるようになり、先生も居心地が悪かった。この先生は思い余って、出身の大学医学部の内科教室に行って医局長に相談した。すると、その医局長は「残念だけれど、君が帰って来るポストはこの医局にはない。県立病院で頑張るか、さもなければ、開業する以外に方法がないよ。君は学位もとったし、県立病院が水に合わないようなら、開業もいいよ」といわれた。

さいわい、T先生の父親は地元で経営者として仕事をしており、地区の商工会議所の会頭であり資産家だった。T先生は開業する決心をしてからの二年間、県立病院で目の色を変えて患者を診察した。一人一人の患者について勉強した。病気の数の多さに改めて感心した。この努力は医学部入学試験のさいの受験勉強に匹敵するものだった。そして時には外科や小児科、産婦人科、耳鼻科、眼科にまで足を伸ばして、医局の人たちに質問したりして勉強した。

二年後には、だれでも診ることができるようになった。その間、白血病の勉強は何一つしなかった。この先生が、県立病院をやめて開業するといったとき、腕の上ったこの先生にやめられて、患者がそちらに流れると困るので、県立病院はやめないように慰留した。しかし、この先生は過去に冷めたくされたことが脳裏から離れず、「これ以上病院に迷惑をかけては申しわけありませんから」ときっぱりいって、内科の開業をした。

それから十年たつ。T先生は近所の評判がよく、はやっている。先生も「開業してよかった」と思っている。ただ、十年開業医をしている間に白血病の患者はたった一人しか来なかった。この先生は忙しい生活を送っているが、ときどき、一体自分が青春をかけて勉強した白血病は何だったのかと思うことがある。「中学や高校で習った漢文か、地理のようなものではないか。今はほとんど役に立たないが、それを習った授業時間は一生懸命だった。どこかでプラスになっているだろう」と自分を慰めている。

「専門医は開業医より一段上」という考えは誤り

では、なぜ、こういうことになるのだろうか。答は割と簡単である。医学教育がまちがっているのである。それは「専門医」と「家庭医」は別の養成をしなければならないのに、それをやっていないことである。それと非常に困ることは、大学医学部の教授たちが「専門医のようにむずかしい勉強をして訓練を受けた医師が開業医程度のことができないはずはない」と思っているのである。これは根本的な誤りである。専門医がえらいと思いすぎているのである。さらに具合が悪いことに、医師の世界では「専門医は開業医より一段上である」と思っているだけでなく、国民もそう考えていることである。

「心臓外科の父」と呼ばれた故人の榊原仟《しげる》博士が生前、私によく次のようにいっていた。

「専門医を何か特別のえらい人種と思っている人が多く、医師の中でもそう思っている人が多いのは非常に遺憾だ。専門医というのはごく一部分のことしかできない人間で、きわめて片寄った人間だ。たとえていえば、時計の修理工のうち、ロレックスの時計の修理しかできない修理工のようなものである。たまたまロレックスを使っていて修理を頼んだ場合は役に立つが、それ以外の時計では役に立たないわけだ。名医という言葉が医療の世界にあるが、私は専門医が名医といわれることはないと思う。名医というのは沖中重雄先生（元東大教授・虎の門病院長・故人）から専門の神経内科の技術と学識を除いた人のようなのをいうのだ。人間性ゆたかで、学問の幅が広く、しかも医師としての診断・治療に卓越した能力を持つ人ということになる。幅広い仕事をできるのが医者としてすぐれているのだということを、あなたに啓発してもらいたい」――

私は榊原先生のこの言葉を先生の遺言だと思っている。

家庭医の養成のために

では、家庭医はどのように養成したらいいのか。これもそうむずかしいことではない。この点に厚生省はすでに十年前から気づいていた。その方法というのは、医師教育のカリキュラムに家庭医としての教育を組み込むことである。

具体的にいうと、大学医学部を卒業して医師国家試験に合格してから二年間、一般内科、一般外科、小児内科、産科、救急、公衆衛生の各教室をロテートして、家庭医として必要な技術を身につけた者を認定して家庭医とするというものである。この二年間はアルバイトを禁止し、そのかわり月給を出す。この間の月給の総計は二年間で八〇〇億円になる。この八〇〇億円について文部省は高額で予算がないので反対という態度をとり続けてきた。

文部省は大学医学部教授会の意向を汲んで「現在の医局の医学教育で家庭医としての訓練も充分に行なえる」と主張してきた。ただ、ここ一、二年は態度もやや軟化したが、八〇〇億円という金額にこだわり続けている。確かに八〇〇億円は大金かもしれないが、日本の国民医療費は二九兆円である。それからみると八〇〇億円はそう大きな額ではないし、投資のメリットはあることを次に説明しよう。

家庭医の教育をきっちりとやれば、国民の家庭医への信頼も湧く。私たちの医師にかかわり方を考える場合、日本のように初診患者がたいした病気でもないのに大学病院に行くのは誤りである。まず、家庭医のところで診てもらって、その家庭医が「自分のところではちょっと診療がむずかしいとか、機器がない」といったときに大病院や大学病院に患者を回すのが医師のかかわり方の基本だと思う。フランスやスウェーデンの例では最初に家庭医のところに行った患者の約一〇％は家庭医のところで処理できる。つまり大病院や大学病院に紹介しないとならない人はせいぜい一〇％だとされている。

世界中の先進国の多くの国は、患者は「家庭医→大病院」というかかり方をしている。日本のように、どんな病気でも名医を求めて右往左往するのは、賢明ではないと思う。大学病院の外来にカゼひき、腹痛、二日酔い、切り傷といった簡単な病気の患者がワンサと押しかけるのは異常である。これをきっちりと交通整理できるようになると、医療費はかなり節約できる。

さらにちょっと一般的に気づかないメリットもある。一九七一年に新設医科大学を認可して以来、医師はどんどんふえている。一年間に八〇〇〇人近い医師が誕生している。適正な医師数というのはむずかしい問題である。前提の置き方で大きくちがってくる。日本の現在の医師数でも余っているという数字も出るし、数年後でもまだ足りないという数字だってある。しかし、常識的な線としては人口一〇万人に対して医師が一五〇人というのが適正な数だという意見もある。

日本の場合、専門家の判断によると、現在すでに過剰気味だとし、数年後には医師増が問題になるものとみて、学生定員の一〇％削減を全大学医学部に課している。それでも医師増は心配されている。ところで、医学部卒業後、二年間各科ロテートすることにするとその間（二年間）は医師増にならないので、一万数千人が医師にならない、つまり実質的に医学部を二年延長したのと同じことになる。これは医師数の調節に大きく貢献する。

それともうひとつは、いまのところ、二年間各科をロテートするのは家庭医志望の医師だけという考え方が有力だが、私は専門医になる人も家庭医をやれるだけの医療技術を身につけておいてから、専門医の道を歩んだらいいのではないかと思う。さきに紹介したように専門医を志望しても、その枠から外れることもあるし、家庭医の資格と実力を持っているということは医師にとって強い立場になれるのではないかと思う。

ところで、この各科をロテートするということを十数年前から実施している医科大学がある。岡山県倉敷市にある川崎医科大学がそれである。この大学は終戦のときには一九床の外科の診療所だったが、どんどん病床がふえて、ついに医科大学になったという稀有なる例の医科大学だが、現在の理事長をしている川崎明徳氏は次のようにいっている。「この制度を採用してから開業医としての評判もいいし、実際見ていて、この訓練を受けると〈この患者は学内のどの医師に紹介するといいか〉が、教授よりよくわかるようになる。患者のためのシステムだと思ってずっと続けている」

ちなみに、川崎医科大学の卒業生の国家試験合格率は九〇％以上で、アンダー・グラデュエイトのカリキュラムも家庭医向きになっているという。

国民は大研究者を医師に期待しているのではない。私たちの健康や病気を幅広く見守って適切な処置をしてくれる医師を期待しているのである。ついでにひとこといわせてもらうと、私たちは医師の学問的興味の対象だけという診療は受けたくないのである。

医者と患者の人間関係・再考

「あの先生に診てもらってよかった」

「現在の社会で、いちばんうまくいっていないのは医療と教育だ」という意見がある。私も同感である。もちろん、うまくいっていないのは、医療と教育だけなのではなく、とくに目立つという意味である。だが、この問題を少し考えていくと、どうも、いまの世の中の空虚感がはっきりとするように思えるのである。

教育はともかくとして、「医療」はたしかにうまくいっていない。それも日本だけがうまくいっていないのではなく、世界中が医療には頭をかえている。これは、医療の根本的なところに問題があるのだと私は思う。医療そのもののもつ本質的なところにあることが、意外に指摘されていない。「医療は医師対患者の人間関係のうえにのみ成立する」といわれる。このことは、実は非常に重要な意味をもっている。私たちは、医学を科学と考え、たいていの病気は医学という名の科学によって解決されると思っている。だから、入院しても十分になおらないときには、医師をうらみ、もっと上手な医師にかかればなおるのだと思う。しかし、実際には転々と医師をかえてみたところで、たいして変わりばえのしないのが普通である。

医学に科学という名を冠するには、あまりにもわかっていない部分が多すぎるし、いわゆる科学的な方法論とはちがった面があるように思える。たとえば、衛星船が月に到達したとき、私たちは「科学の勝利だ」と文句なしにいった。しかし、いまここに食道ガンの手術をして五年目を迎えた人がいるとする。周知のようにガンは五年間再発しなかったときに、はじめて治癒という。しかし、人々は「あなたは科学の勝利で食道ガンがなおった」とはいわない。「あのとき診てもらったのがよかった」「あの先生の診断を受けたのがよかった」という。ひどいのになると「君は悪運が強かった」とさえいう。

このことは、医学を科学というにはまだ距離があることを示していると思う。衛星船は人間が数学、物理学などの応用によってつくったもので、ネジ釘一本に至るまでわかっている。仮に墜落することがあっとしても、それは事故であり、故障である。事故や故障は、本来、起きてはならないもので、そこには科学の論理が全面的に働いている。

ところが、医学のほうはそうではない。人によって個人差が大きいということもあるが、第一、衛星船とちがって、人間のメカニズムがよくわかっていない。なぜ生きているのかということが十分に解明されていない。そのために、すべてのものが一定していない。たとえば、医学では臓器別の研究や治療は発達している面があるが、その臓器とからだ全体との関係はよくわかっていないことが多い。あるいは、精神と身体との関係もよくわからない。ストレスで胃カイヨウになることはわかっていても、それ以上のことはわからないといったような例は、数え上げればきりがない。

だから、診断は医師によってちがうことは往々にして起きるし、コンピュータでは発見できない病気だって数多くある。もしも、医学が完全に科学になるときには、診断もだれがやっても同じになるだろうが、逆にいえば、そのときには医学部の必要はなくなって「工学部医学科」になるだろう。人間を相手にして、人間の健康からリハビリテーション（社会復帰）までを扱うのが医学なのであって、いわば、試行錯誤の学問なのだといっても過言ではないだろう。

信じることが〝奇蹟〟を起こす

医学には、自然治癒とか、プラシーボ（にせ薬）といった現象がある。病気がなおるのは必ずしも医師の力ではないという面がある。放置していてもなおることは結構ある。もちろん、ガンのような病気は、放置すれば必ず死ぬが、一般に自然によくなることは多い。というより、自然治癒を助けるのが医学の本来の姿だという意見さえもある。人間は、生物的にきわめて不安定なものである。そこで、いつも一定の状態に安定させる働きがあるとされている。ホメオスティシス（恒常性）といわれるのがそれだが、この働きも解明されていない。

薬のプラシーボというのは、私たち自身も実際に経験しているものなのである。いま、痛みを訴えている患者を二つのグループに分け、片方にはふつうの鎮痛剤を与える。もう一方には「これはドイツの友人の医師から直送された新しい痛み止めだ」といってウドン粉を飲ませる。そうすると、ほんとうの鎮痛剤を飲ませたほうが五〇％効果があるとすると、ウドン粉を飲ませたほうも三〇％の効果がある。この効果をプラシーボ効果というのだが、信じることが〝奇蹟〟を起こさせるのはこのためなのである。

この現象は「あの先生の薬なら効く」と思って飲み、実際に飲むと効いたように思える（ほんとうはそれが効いているのかもしれない）のと同じことなのである。医師が治療のさいに意識的に利用していることも多い。睡眠薬を飲まないと眠れないと訴える患者に、もしも睡眠薬を与えると害があると考えられる時などに、副作用のない薬を与えることもある。

しかも、自然治癒も、プラシーボも、そういう現象があることはわかっていても、その実体はよくわからない。しかし、現象自体はきわめて重要で、それが医療にはたしている役割は大きい。こういったことは、もし医師と患者の人間関係がないとすれば、きわめて悪い結果を招くことになろう。つまり、これらの効果が期待できなくなるからである。

もちろん、医師と患者の人間関係が必要なのは、医療が直接生命を扱うものであることと、患者が医師のところで診療を受けるときには「まな板の上にのった鯉」と同じことであるということも忘れてはならない理由である。しかし、こういった基本的なことのほかに、医学は科学でないという面があることこそ強調すべきだと思う。

医学は、いま倫理を問われている。倫理を問われること自体が、医学は科学でないことを証明しているのではないだろうか。

「名医というコトバがある限り、医学は科学でない」——医師の世界ではこういわれる。そこに、医学が理論だけではどうにもならない世界があるし、どちらかといえば、それが「核」のように残っているという感じなのである。ここに、私は医療の「タテ社会」的要因、つまり、理論だけではわりきれない、情緒的な人間関係を強く感じるのである。

「名誉ある自由人」と医療の社会化

この「タテ社会」を象徴するコトバに、医師が好んで使うのがある。「名誉ある自由人」という文句が、それである。「名誉ある自由人」とは、なにものにもわずらわされず、自己の信念のままに行動する。しかし、自己の職業の名誉のために、たえず研鑽にはげむというものである。医師という職業の真髄かもしれない。きわめて自由な職業で、制限とか、束縛とかいったものを極端にいやがる。

かつて、医療が「仁術」といわれたのは、この「名誉ある自由人」という考え方が根底にあって、金持ちからは医療費をとるが、貧乏人からはとらず、請求もしないという医師がいたからである。もちろん、多くの医師は地主階級の出身だったため、一応の生活の安定があったうえで、医業を開業していたので、生活のゆとりがあったことは事実だが、それにしても「名誉ある自由人」というバックボーンがあったればこそ、このようなことができたのだと思われる。

このような考え方にたいして、医療の社会化というのは本質的に合わない面がある。自分の思いどおりやりたいという考え方にたいして、枠をはめられ、規制されることになるからである。これは、ある意味からいって、多少極端ないい方かもしれないが、芸術家を国家公務員にするのと似ている。かつてのソ連では、医師も芸術家も国家公務員である。しかし、ソ連の医師の社会的地位は自由主義国とくらべてはるかに低かった。また優秀な人材も集まっていないとみていた人は多い。

だが、そうはいうものの、医療の社会化は歴史の必然性のようなものをもっている。先進国で健康保険のない国はアメリカぐらいのものだし、自由主義国家群でも、日本のように保守党が健康保険の充実を叫ばなければ政権を維持できないようになっているぐらいである。一種の「錦の御旗」になっている。そこで、どこの国でも医療をめぐる問題はうまくいかない。社会化を押しすすめようとすると、医師が抵抗する。日本でも、利害関係が先に立って、問題は一向に解決されないという事態が、あちこちで起きてくるのである。

この混乱の根本的問題は、本来、タテ的な要素のきわめて強いものを、単に論理だけで割り切ろうとするところから生まれてくるのだと私は思う。論理だけで割り切ることのできる問題も、世の中にはたくさんある。しかし、だからといって、全部が論理で割り切れるものではないという認識こそ、まず必要なのではないだろうか。しかも、論理的に正しいものは、なんでも正しいし、それを実行するのが当然であると、私たちは小さいときから教えられている。あるいは科学的に正しいことが真実で、真実はそれ以外にないと教え込まれている。しかし、それだけでは、問題は、何も解決しないのが現実である。

医療は人間関係がキーポイント

現代の医療は、「保険あって医療なし」と酷評する向きがある。さきにも説明したように、たしかに健康保険がない限り、私たちは自己負担だけで医療を受けるには、あまりにも医療費が高い。だから、健康保険を否定するわけにはいかない。しかし、健康保険が赤字をださず、うまく運営されるのなら、医療そのものが不十分でもいいというものではない。

いうまでもないが、医療があって健康保険があるので、健康保険があって医療があるのではない。いまの日本の健康保険をみると、軽医療（カゼ、腹痛、切り傷など簡単なもの）は十分に保障されているが、重病になって入院した場合には、家族は三割もの自己負担がある。ほんとうに保障してもらいたいのは、重病のときなのだが、そちらは不十分で、軽医療のように負担に耐えられる部分は保障している。ヨーロッパでは、まったくこの逆である。しかも、この軽医療の費用は少なくみても健康保険で支払う医療費の四分の一以上である。

だれでもが、どんな診療機関（大学病院や大病院、診療所）にでも行けるという制度は、たしかに便利ではあるが、医療にとってもっとも必要な医師と患者の人間関係をむしろ疎外させるほうに働いているとみられる。転々と何軒も医師をかえる「転医」など百害あって一利なしなのだが、どこにでもかかれるほうが便利だろうということだけで、このような制度になっているのは、診療機関の機能分化という面からみてもマイナスである。

「診療には若干の芸術性のようなものがある」という考え方に立っているのはフランスである。さきにも説明したが、フランスでは、健康保険による診療報酬は決めてはいるが、それからさきは、各医師が自分の腕に応じて差額徴収してもいいことになっている。この差額はもちろん国民の自己負担である。もっとも、分不相応な差額を徴収すれば、その医師のところには患者はやってこなくなるし、いつのまにか「相場」のようなものが決まっていくことになる。医療に芸術性のようなものがあるかないかは議論の余地はあるが、少なくともフランスではそう考えているのは、医療のタテ的要素を評価しているということになろう。私は、公式論でなく、大人の考え方をフランスはしているのだと思う。

さて、日本の医療の場合に、どう改革すべきだろうか。率直にいって、私は次のような基本的な点に留意した改革案でないと、ほんとうの改革にはならないと思う。

まず、医師と患者の人間関係をできるだけ守り育てるような工夫をすべきである。いわゆる「タテ的なもの」を認識することである。これには、いくつかの方法があるが、かかりつけの医師（家庭医）を一定の登録した医師に限るというイギリスのような方法もあるし、少なくとも大学病院やAクラスの大病院では一般外来を廃止すべきで、医師からの紹介患者だけを扱うようにすべきだろう。

次に、健康保険では重病を保障する。少なくとも入院患者は、全額保険や国庫負担で面倒をみる。このことは何よりも国民に安心感と信頼感を与える。もしも、そのために保険経済を圧迫するようなら、軽医療の自己負担はやむを得ない措置だと思う。そして健康保険は社会連帯責任のうえに成り立つものであることをみんなが知る必要がある。社会連帯責任というのは、論理的に必要性を知っているだけではなにもならない。一人一人が実感として知らねばならないわけで、それがない限り単に権利だと思うだけのものになる。

こういった考え方の中で、医療技術はどう駆使されるべきかを改めて考えてみる必要がある。単なる省力化だけで機械化することへの疑問もあるし、一方では人工腎臓のような生命のかわりをする器機は十分に用意するといったことが行なわれ、医療技術の裏付けになる研究は、いつも平行して行なわれていなければならない。これらのことが、全体としてひとつの「調和」をたもつ場合には、うまくいくという表現になるのだと思う。

医療サービスの技術料・検討

弁護料と医療費のちがい

日本では形のないものの評価は、一部のものを除いてきわめて低い。形のあるもの、見えるものの評価は、戦後徐々に割り合いにはっきりした形で評価され、それも定着している。しかし、医師の技術料のようなものは、少なくとも弁護士などにくらべて、非常に低い評価しか与えられていない。これは、医師は戦前には、自分で自分の技術料を評価して値段をつけたのに反して、戦後は医療の社会化が進み、ほとんどの医師が健康保険の患者しか診療しなくなって、健康保険で決められた価格表（点数表）によってしか評価されなくなったのに反して、弁護士は、いぜんとして自分で弁護料を決定していることの差だといってもいいだろう。

現在の医療費は「点数単価方式」という非常に複雑な仕組みで決められている。すべての疾病（実際には二万種類ぐらいある）について、一応の治療指針を決め、それを点数で示している。実際の医療費は、その点数に一点単価一〇円を掛けた数値となっている。ところが、この点数の決め方が、技術を重視せずに、モノに重点をおいている。このため日本の医療の技術料は、きわめて低い。たとえば虫垂炎（盲腸炎）手術料は七四七〇点、つまり七万四七〇〇円である。しかし、アメリカでは二〇万円以下の虫垂炎の手術料はない。

これは、アメリカでは、健康保険制度がないため、医師の裁量にまかせられた医療費決定が行なわれているためで、日本では、マイクロ・サージェリーといわれる顕微鏡下の手術がもっとも高く二〇万前後だが、アメリカではこの手術は一万ドル以下（一〇〇万円近く）ではない。健康保険のあるヨーロッパでも、日本の数倍ぐらいの値段に決められている。

このため、日本では医師が収入をあげるためには、患者をたくさん診て、薬をたくさん投与する以外、増収の道がない仕組みになっていた。そこで、診療所に行けば「カミカゼ・ドクター」といわれ、病院では「三時間・三分」といわれるような診療が行なわれている（もっとも、この現象には患者のかかりすぎという問題もある）。

もうひとつの矛盾は、健康保険の点数では、経験ゆたかな名医といわれる人が診察しても、このあいだ国家試験に合格して医師免許をとったばかりのドクターでも、同じ料金である。むしろ新米の医師のほうが、時間もかかり、いろいろなものを使って、無駄が多いために、病院としては経費が多くかかるのである。

この点、フランスでは、保険で保障するのはあるレベルまでで、そこから先は医師が自由に差額徴収してもいいことになっている（これらの医師は全医師の一九％で、これはフランス医師会で決定している）。フランス保健省では「医師の仕事には若干の芸術性がある」としているが、実際には腕の割に差額をとりすぎる医師は患者に敬遠され、安くて腕のいい医師のところに患者が殺到するように自然淘汰されている。

このような矛盾は、世界各国に存在しているため、世界中、どこの国でも「特別診察」と呼ばれるものが存在している。自由主義国はもちろん、ソ連のような社会主義国であった国さえ特別診察は存在している。これは、健康保険をまったく通用せず、自由診療になっているわけで、日本でも認められている（日本は医科の場合、差額徴収は、病室の部屋代以外には認められていない）。フランスのようにベースを健康保険にして差額を徴収することは日本では認められていない。自由診療のときには、すべて保険の権利は放棄しなければならないことになっている。

さて、この特別診察の料金は、医師によってまちまちである。内科の診断料は、一流大学の教授クラスで一〇万円ぐらい、手術は、ものによってちがうが、二〇万〜三〇万円ぐらいで、人によっては五〇万円以上という相場の先生もある。地方の大学では安いが、マスコミで名の売れている先生ほど高いと一般にはいわれている。しかし、この金額も、アメリカや西独にくらべると、十分の一ぐらいである。

特別診察は診療が機会均等でないといけないという点からいえば、確かに問題がある。しかし、すべての国民がみんな希望する先生に健康保険で診てもらおうとしても、名医の数には限りもあるし、名医もまた一日二四時間である。そこにプラス・アルファの評価があるのは、やむを得ない点もあるのかもしれない。この点は、多少、絵画の値段に似た面がある。やはり、一種独特の世界なのだろうが、弁護士に似ている面がある。ただ評価の仕方は〝お礼〟という形ではっきりしていないし、「評価」というコトバを使うのは妥当ではないのかもしれない。

医師の技術料を決める要因を考える

さて、一体医師の技術料（ドクター・フィー）とはどういうもので、何によって決定されるものなのだろうか。これは、きわめてむずかしい問題である。きわめて大胆な考え方をしてみると、技術料の決定の要因としては次のようなものが、まず考えられるように思う。

①経験年数　医学の場合はこれはかなりのウェイトを持っているとみられる。しかしどのような経験をしたかは千差万別であって、なかには「馬齢を重ねた」だけのこともあるので、一概に、医師免許取得後の年数だけで決定することはむずかしい。しかし、一応のメジャーとしては考えられる。

②卒後教育や資格取得　これは一応の標準にはなる。日本にははっきりとした専門医制度がないためにむずかしいが、アメリカでは一応の基準としている。しかし、これには弊害もともなう。ただ、資格試験にだけ狂奔することになり、人間性という面での弊害がでる恐れがある。けれども、一種の技術のランクづけとしては合理的だということができよう。

③過去に投下された資本金額　経済からみると一応うなずける点もあるが、必ずしも合理的でない面もある。たとえば国立大学の医学部を卒業した医師の教育費は安い。これは国家がだしている

ためで、私学は多い。これを同列に扱っていいものかどうかは、むずかしい。しかし、私立医大へ入学のさいに支払った何千万円というヤミ入学金をコストに計算するのは常識が許さないだろう。ただ、卒業後、脳神経外科のように、長い間勉強しないと一人前になれない科については考慮しなければならないだろう。

④社会的貢献度　一見必要のように見えるが、必ずしも妥当性があるとは思われない。たとえば、命に別条あるかどうかの仕事をする医師を貢献度が高いとは一概にはいいがたい。また、カゼの専門医が貢献度が高いともいえない。結局は、医療技術の社会的貢献度は、計算のできないものというべきだろう。

⑤社会的地位　医師と社会的地位が同じような職業から類推するという考え方だが、現在の職業では一応弁護士や大企業の重役と同等と考えられている。しかし、それは必ずしも妥当な考え方とはいえないだろう。弁護士や重役といっても、千差万別だし、仮に弁護士と同じ社会的地位といっても、やはり、弁護士間に格差がある。

⑥生活費調査　これも合理的なようで不合理な面がある。医師としてふさわしい生活レベルなどというのは算定することはむずかしい。とくに医師間に価値の多様化もおきているし、そうかといってエンゲル係数を中心に決めるわけにもいくまい。医師の必要経費は算出する方法があるかもしれないが、生活費から見るというのは、きわめてむずかしい。

⑦医師の需給関係　これもむずかしい。第一、医療の需要量を策定することはきわめて困難だし、

医師の配置の問題もある。そのうえ、現行の健康保険制度のもとでは、原理的にも実際にも不可能である。

⑧患者のニーズ　患者の健康への欲望も多様化しているし、ニーズ自体も千差万別で、患者の要望が、医療として正しいかどうかにも疑問がある。できるだけ、いい医師にかかりたいというのは、患者の基本的欲望で、マスコミに登場する先生を名医と思っており、医師間の格差が問題にもなるだろう。

⑨国際比較　これは一応の尺度にはなる。しかし、各国間で医師の技術料の見方が非常にちがう。さきにも説明したようにフランスのように一定の医師に差額徴収を認めている国もあれば、スウェーデンのように大半の医師が国家公務員の国もある。また、かつての社会主義国では、事情も根本的にちがう。

⑩医業の中断　人によっては、一生の間に基礎医学者であったり、臨床医であったり、公衆衛生に従事したり、あるいは自分自身が病気であったりして医業（臨床医）を中断したりしている場合がある。臨床医の報酬決定のさい、これらを考慮しなくてもいいのかどうかという問題もある。

ここに掲げた十項目は、ごく単純に考えても、こういったことが、すべて報酬決定要因になる。けれども、それが科学的な根拠にはなりにくい面ももっている。しかし、現実の診療報酬の決定や、病院勤務医の給料決定には、漠然としたものではあるが、これらの要因が「なんとなく評価されながら決める」という格好になっていることが多い。もっとも社会のなかでは、特別にきっちりとした形で報酬が決まっているものは実際には少ない。

芸術家のように極端な形もあれば、サラリーマンや公務員のように、一応きっちりとした賃金体系があるようでいて、一方ではボーナスというきわめてあいまいな形の一種の給料が加算されている。これらのことは、結局は給料や報酬が相互の力関係によって決められたり、なんらかのアローアンスがあることによって、一種のバランスを保っている面があるのだと見れないこともない。

〝モノ〟と技術料からなる医療費

診療報酬を決定するさい、きわめてむずかしい問題は、医療経済が他の生産産業のように原価計算の決定のベースにのる部分が少ないことである。このため、医療行為の経済的評価は事実上困難なのだともいえる。人間にとって「健康」は、何よりも重要なものであることは、だれでもが認識している。しかし、ある人は一生、一度も医療の手助けらしいものを受けずに長寿を全うするが、別の人は、たえず医師や病院の厄介になりながら、早く死んでいく。それはだれにも予測されないし、だれも病気になろうと思ってなるのではない。

「人命は地球より重い」といわれる。表面的にはそのとおりなのだが、だからといって、わずか二〜三日、命をのばすために、何百万円も投じなければならないのかという疑問を提示する人は、ちかごろふえはじめている。それは、必ずしも医師の側だけでなく、一般の人々の間にもでている。ここらに、非常にむずかしいものを感じさせる。

医療費決定のさいには、いつの場合でももめる。日本では中医協（中央社会保険医療協議会）という三者構成の審議会で決定されるのは周知のとおりだが、基本的な考え方がないため、いつでもうまくいかない。それは、支払い側と診療側が根本的に相反する立場にあるというだけでなく、決定のメカニズムがないためである。ときには、支払える限度が医療費を決定することもあるし、特定の診療項目についてのみ技術評価されることもある。こういったことが、いつまでたってもすっきりとした形にならない理由ともみられている。

いうまでもないことではあるが、医療費というのは、①いわゆる〝モノ〟といわれる部分で、計量可能なもの、②技術料、の二つから成り立っている。

モノというのは、わかりやすいので、医療費決定のさい、どうしても重視されるような形になりやすい。薬代とか、電気、ガス、水道料といったものは、だれの眼にもはっきりとする。そのためウエイトがかかり、技術料のほうは軽視されがちである。それが、いまの日本の診療報酬体系であるが、一方では、技術料だけをとりだすことのむずかしさもあって、モノと技術料をはっきり分離できない点もある。

たとえば、家庭医の場合を考えてみると、家庭医の根幹をなすものは医師と患者の人間関係である。それを基本にして、いわゆる包括医療が行なわれる。そこで、ファミリー・ドクター制度を採用しているイギリスでは、登録制を採用し、医師が地域住民から何人登録されたかによって報酬が決められている。つまり登録する住民が多いほど報酬が多い仕組みになっている。これは一見、合理的にように見えるけれども、不合理な面もある。

もしも、健康で病気にならない住民ばかりが数多く登録してくれた場合は、一年間、何もしなくても「月給」をもらえることになるが、反対に登録者の数が少ないのに、病人ばかりが登録すれば、ものすごく忙しいのに報酬は安いということになる。登録数は、二六〇〇人を限度にしているけれども、基本的にはこのような矛盾がある。

もうひとつ、いかに医師の技術料がむずかしいかを示す例を紹介しよう。それは現在のアメリカの医療のなかに散見される。過去四半世紀にだされたノーベル生理・医学賞の約半分はアメリカ人に授与されている。そしてアメリカ人の医療費は世界一高い。一日の入院費用は少なくても数百ドルにもなる。しかもこれは治療費や薬代は入っていない。それを入れると一〇〇〇ドル、すなわち一〇万円近くになる。

緊急に生死の境をさまようような病状で入院すると、一日数千ドルぐらいもかかることがある。いくら収入が日本の約二倍あるからといっても、これでは病気になれば一財産なくなる勘定になる。しかも、健康保険は現在のところ、老人以外にはない。

民間保険がカバーしているというものの、このように高い報酬が医師や医療機関に支払われているのに、アメリカの平均寿命は、男女ともベストテンには入っていない。乳児の死亡率はスウェーデンの二倍もある。もっとも合理主義の国といわれるアメリカにしては、もっとも非効率的なのがアメリカの医療費だということになる。

医療サービスはどうあるべきか

このようにみてくると、医師の技術料（あるいは医療サービスの技術料）というものは、単なる経済の問題としては、どうしても処理できないという性格をもっているといえそうである。むしろ医療サービスは公共財としての性格があって、そこをどう処理するかにかかっているといってもいい面がある。しかも一方では「医療は医師対患者の人間関係のうえにおいてのみ成立する」という根本理念のようなものがあり、そこから「名誉ある自由人」といわれる精神も生まれてくる。先にも述べたようにこの名誉ある自由人と、医療の社会化は、根本的には水と油の関係にある。

これは、考え方によればタテ的なものと、ヨコ的なものとの交点にも当たるわけで、これが処理をうまくしないと医療は混乱する。現在のところ、世界中で医療がうまくいっている国はない。これは、別のいい方をすると医療サービスの技術料の決定がうまくいっていないということになる。

「患者学」のために

自己管理にも必要な医学知識

国民はもっと「患者学」を身につけておくべきである。いま「患者学」という学問があるとは思えない。医師の側からみた患者学というようなものもあるかもしれない。しかし、ここでは、その問題は除外したい。

率直にいわしてもらえば、「患者学」というのは、患者がどの程度、医療や医学についての知識を持っているかということに尽きるのではないかと思う。かつての日本の医師は「俺に任せろ、お前は何も知らなくてもいいから、俺についてこい」といったタイプが多かった。最近でこそ、こういったタイプは減ったが、まだこのタイプのドクターはなしとしない。

しかし、世界の傾向は「インフォームド・コンセント」である。日本では「説明と同意」と訳されている。医師は患者にたいして病状の説明をし、治療について同意を求めるというわけである。法律用語では「告知義務」ともいわれていて、治療法の選択権は患者の側にあるとされている。この傾向は、いずれは日本でも滲透することになろう。それが〝歴史の必然〟のようなものであるからである。

そのさい、医学について何も知らない患者と、よく知っている患者では、当然のこととして、差がでてくる。よりよく医学知識を持っているほうが、自己管理をするのにも便利だし、治療の予後もいいということにならざるを得ない。それに、いくらインフォームド・コンセントといっても、何もわからない人々に医師がいくらわからせようと努力しても限度がある。

国民（患者）は、医師のように医学部で教育を受けたわけではない。当然、その情報量には限りがあるし、情報を収集する時間にも制約がある。そのためには、コンパクトで、質のいい情報を身につけるための工夫が必要である。それと、医学知識ではないが、私たちを取り巻いている医療の制度（仕組み）を頭に入れておく必要がある。私たちは、その仕組みを上手に利用しなければならないからである。

医学知識については、断片的なことを数多く知っている必要はない。とくに、新しい医療技術のようなものは、そんなにくわしく知っていても。あまり役立たない。もしも、特定の病気に罹ったときには、当然のこととして、自分の罹った病気についての情報は勉強するようになる。そういったなかで修得していけばいい。重要なことは、いまの医学でわかっている範囲でいいから、人間のからだのメカニズムを知っておくことである。別に生理学者のようにくわしく知る必要はない。せいぜい高校の保健体育の教科書より少しぐらいくわしい程度でいいと思う。

知っておいてほしい頻度の高い病気の知識

もう一点、重要なことは、生まれてから死ぬまでの年代別に見た健康や病気について知っておく必要がある。

たとえば、平均的な言い方をすれば（許してもらえば）、生まれてすぐの大病（遺伝病や白血病や小児麻痺など）をのぞけば、生後から四、五十歳の中年までの間は、重大な病気になることはほとんどない。脳腫瘍や胃の肉腫などで命を落とすことは皆無ではないが、全体からいえば、きわめて少数である。むしろ数が多く恐ろしいのは交通事故であり、自殺やストレスによる病気もある。しかし、世の中に多数売られている『家庭医学事典』のようなものには、そんなことは書いてない。〝頭が痛い〟〝だるい〟といえば「白血病」ではないかと思わすような編集の仕方である。「頭が痛い」というのは一〇〇以上の病気につながっている。それを判断するのは、ドクターの仕事であり、そのためには系統的な知識を持っている必要がある。

しかし、中年をすぎてから罹《かか》るガンや心臓血管系の病気についての知識はかなり正確に持っている必要がある。たいていの人々は、結局のところ、この「成人病」で死んでいくのである。ここのところをよく理解しておいてもらいたい。ものごとには〈ウエイト〉ということがある。研究テーマになるという理由で、きわめて珍しい病気が大々的に取り上げられることがあるが、実際の国民生活ではほとんど関係がないというような病気が数多くある。こういう病気に絶対罹らないとはいえないが、きわめて確率の低いものである。実際に身内などが罹ったときに学び始めても遅くはない。比較的一般的で、頻度の高い病気についての知識が、ここでいう「患者学」であり、そのような知識を持つようにすべきである。

健康情報と〝インチキ療法〟

簡単なようでやっかいなのは、病気に関する情報ではなくて、健康に関する情報である。病気や治療に関する情報は、将来、それが誤りだったという危険性はゼロではないにしても、少なくとも現代医学の裏づけがある。ところが、健康学というのはまったくないに等しいし、それだけに、いい加減な情報が多い。

たとえば、ある大学医学部の栄養学の教授が、百貨店に売っている「健康食品」といわれるものを調べてみたところ、九五％は、うたっている効能を示す成分がなかったり、効果がなかったりするものであったという。

これは「恐るべき現実」というべきだが、健康食品といわれるものは食品であって、薬ではないというところから、実にいい加減なものが販売されているし、これをチェックする機構は何もない。それに、善良な市民が引っかかっているというわけである。

「効果もないが、害もない」というわけで、マスコミの批判の対象にもならない。一種の矛盾である。もちろん、健康食品のすべてが無効というわけではないにしても、それにしては値段も結構高い。

もっとも危険なのは〝××を飲めばガンは治る〟といったたぐいのものである。アメリカでも「ガンの薬は山師の花園」といわれている。これは結局のところ、ガンの特効薬が出現しないためにおきる現象ともいえる。かつて結核が不治の病だったころには、結核の薬というのは、いっぱいあったが、今から考えると、まったく無効のものだったが、当時、一本三〜五円（今でいうと一万円ぐらい）もして、何十本も注射しなければならないことになっていた。AO（アー・オー）とかヤトコニンとかいわれるものは、かなりの売れ行きを示し、医師も争って投与した時代もある。これは、ほかに何もなかったために投与したのだといえるが、医師自身も「気休め」で投与していたのだろう。

現代医学が全面的に解決していない病気には、必ずインチキ療法がでてくる。まったく手も足もでなくて、死んでいく病気の場合は気休めでもいいかもしれないが、適当な治療をすればなんとかなるといった場合には、これは問題になる。

たとえば、ガンの場合、いまの医学では真の原因は解明されていないが、早期発見‐早期適正治療なら胃ガンの場合は九五％が五年治癒するし、二十年後に九〇％が生きている。当然、手術するのが最適の方法である。

ところが、この早期発見の時期に〝××ワクチン〟というようなものを投与して、はたして治るのだろうか。末期ガンで気休めに××ワクチンを投与するのとは、おのずからちがうはずである。

エピローグ

日本の二十一世紀を考えた場合、かつてのように「ジャパン・アズ・ナンバーワン」ということになることはないと考えるべきだろうと思う。これからは中国もあの国土と人口を考えると発展することはまちがいだろうし、ロシアも同様に〝眠れる獅子〟から目覚めるだろう。E・Uもそれなりに発展を続けて、ユーロはドルにつぐものにやがて昇格するだろう。

冷徹な眼で見ると、終戦後の日本は、西ドイツ同様、少しできすぎだったように思う。元々持っている日本の力は、せいぜい中位の国なのではないかと思うときがある。それというのも、日本の社会、とりわけ政治を見ていると、あまり未来は開けそうにない。なにしろ、いまの世界はむずかしい。尋常一様の手段では、とても国際的に上位にランクされる国になるとは思えない。少し悲観に過ぎるというお叱りを受けるかもしれない。しかし、日本の将来を決める教育を見ても、どうもかつてのころのほうがよかったように思えて仕方がない。「その国の力は、所詮はその国の政治家のレベルにしかすぎない」ともいわれる。

社会保障も結局のところは、その国の力以上のものになることはない。北欧のように社会福祉を国の看板にしている国でも、ＧＤＰが落ちると保障も改革せざるを得なくなる。スウェーデンのエーデル改革も結局のところは社会保障の後退だったと私は思う（政府はそうはいっていないが……）。そこで、日本の将来を考えてみると、ひとつはもう高度経済成長が来るとは考えられない。右肩上がりの成長を夢みても産業構造からみて、そんなことは考えられない。「戦後の日本経済は右肩上がりを続けた」といわれるが、昭和二十年（終戦）の日本経済はほとんどゼロに近かったといってもいいだろう。だから、毎年一〇％近い成長率を持続できたのだろうと思う。中位の国というのはどの国あたりを考えるべきなのはむずかしいが、日本は人口もどんどん減っていって、二〇五〇年には一億人、二一〇〇年には六七三〇万人と予測されており、五〇〇〇年後には日本人はゼロになるといわれている。人口規模、産業構造などからみて、せいぜいフランス当たりに相当するだろう。もちろん、フランスのように高い文化レベルもないし、農産物も少ない。経済規模からみてフランスぐらいだろうとみられるわけである。

そう考えると、やはり日本の社会保障も「中福祉・中負担」が落ち着く先のように思われる。選択肢としては、高福祉・高負担というのもあるが、日本人の性格として高福祉をしたときの負担増に耐えられないだろうと思う。高福祉にすれば、当然、現在のスウェーデンのように二五％の消費税にせざるを得ない。これに日本人は耐えられないだろう。日本人の性格としては、保険と税金の組み合わせのようなものを好むだろうと思われる。たとえば、介護保険が採用した半分国の税金、残りの半分を企業と本人によって負担するというのが一番文句の出ない線だと思う。私が「年金十くはできないという額だと思う。

万円」という線を考えたのは、高くもなく、安くもなくという金額で、暮らしに困らないがぜいたくはできないという額だと思う。

私は「何でもタダがいい」という考えには絶対反対だし、「困ったときに社会連帯の精神で助ける」というのが社会保障と考えている。少し古典的だといわれるかもしれないが、社会保障を大きく広げることは必ずしもいいといえないと思っている。大きな社会保障でなくても、必要にして十分な社会保障ができればいいわけで、年金にしても医療にしても、保障以外のものを求める人は、民間保険に頼ればいいわけで、二十一世紀の年金や医療はそういう形で展開されることになるのではないだろうか。

参考書

宮島　洋著『高齢化時代の社会経済学』（岩波書店）
広井良典著『医療の経済学』（日本経済新聞社）
地上直己、J・C・キャンベル著『日本の医療』（中公新書）
社会保障研究所編『スウェーデンの社会保障』（東大出版会）
☆右と同趣旨の本でイギリス、フランス、ドイツ、アメリカ、カナダがある。
丸尾直美著『市場指向の福祉政革』（日本経済新聞社）
鴇田忠彦編『日本の医療経済』（東洋経済新報社）
池上　惇著『現代財政システムの総合的解明』（岩波書店）
中川米造著『医療の原点』（岩波書店）
瀬尾　隆著『医薬品』（日本経済新聞社）
川渕孝一著『押し寄せる薬剤費適正化の潮流』（薬事日報社）
宮武　剛著『介護保険のすべて』（保健同人社）
西村周三著『医療の経済分析』（東洋経済新報社）
金森久雄、島田晴雄、伊部英男編『高齢化社会の経済政策』（東大出版会）

二木　立著『日本の医療費』（医学書院）
水野　肇著『スウェーデンの医療を考える』（法研）
隅谷三喜男編『社会保障の新しい理論を求めて』（東大出版会）
水野　肇著『薬よ、おごるなかれ』（紀伊國屋書店）
辻　一郎著『健康寿命』（春秋社）
浜　六郎著『薬害はなぜなくならないか』（日本評論社）
水野　肇著『医療・保険・福祉改革のヒント』（中公新書）
鈴村興太郎著『福祉の経済学』（岩波書店）
漆　博雄編『医療経済学』（東大出版会）
宮沢健一著『通論経済学』（岩波書店）
神野直彦・金子勝著『福祉改府への提言』（岩波書店）
水野　肇著『インフォームド・コンセント』（中公新書）
水野　肇・青山英康編著『ＰＰＫのすすめ』（紀伊國屋書店）

■著作者：水《みず》　野《の》　肇《はじめ》

1927年大阪生まれ．大阪外語大学卒業後，山陽新聞の記者となる．1960年，自ら企画，執筆を手がけた『ガンを追って』というシリーズで新聞協会賞を受賞．1962年山陽新聞退社後，医事評論家としての道を歩む．そのパイオニア的存在はつとに有名，斯界の第一人者として医学・医療・福祉等の分野で健筆をふるっている．ＮＨＫ解説委員，厚生省の各種審議会委員などを歴任．現在，医療審議会，医療保健福祉審議会などの委員を務める．編著書に『夫と妻のための老年学』『夫と妻のための死生学』『インフォームド・コンセント』『医療・保険・福祉改革のヒント』（以上，中央公論社），『現代医療の危機』『出生のコントロール』（以上，日本経済新聞社），『水野肇の病院学　全５巻』（日本評論社），『病まずに生きる　死に方健康学』（文化創作出版），『脳死と臓器移植』『薬よ，おごるなかれ』『ＰＰＫのすすめ』『日本医療のゆくえ』（以上，紀伊國屋書店）などがある．

社会保障のグランド・デザイン

2000年７月７日　　第１刷発行

BOOKS
KINOKUNIYA BOOK STORE TOKYO
KINOKUNIYA BOOK STORE TOKYO SHINJUKU
KINOKUNIYA

発行所　株式会社　紀伊國屋書店
東京都新宿区新宿３―17―７
電話　03(3354)０１３１(代表)

出版部　（編集）電話　03(3439)0172
ホール セール部（営業）電話　03(3439)0128
東京都世田谷区桜丘５―38―１
郵便番号　156-8691

ISBN4-314-00876-8 C0036
Printed in Japan
定価は外装に表示してあります

装幀　菊地信義

印刷・製本　中央精版印刷